Schmidt · Umsatzsteuer-Praxis
im Binnenmarkt

Umsatzsteuer-Praxis im Binnenmarkt

EDV-Umsetzung, Buchungen, Meldungen sicher im Griff

von

Dr. jur. Harald Schmidt
Leitender Regierungsdirektor

Rudolf Haufe Verlag · Freiburg i. Br.

Die Deutsche Bibliothek – CIP-Einheitsaufnahme

Schmidt, Harald:
Umsatzsteuer-Praxis im Binnenmarkt : EDV-Umsetzung, Buchungen, Meldungen sicher im Griff / Harald Schmidt. – Freiburg (Breisgau) : Haufe, 1993
ISBN 3–448–02789–8

ISBN 3-448-02789-8 Art.-Nr. 32.13

Umschlag-Entwurf: Michael Wiesinger, Freiburg
Satz: CSF · ComputerSatz GmbH, Freiburg
Druck: Rudolf Haufe Verlag, Freiburg

Vorwort

Ab 1.1.1993 beginnt für viele Unternehmer und Buchhalter sowie für alle Steuerberater im Bereich der Umsatzsteuer der Europäische Markt.

Die vorliegende Schrift soll die Zusammenhänge der neuen Vorschriften des Umsatzsteuerrechts klarmachen. Sie zeigt, welche Konten in der Buchhaltung neu einzurichten sind und wie auf ihnen die neuen Geschäftsvorfälle gebucht werden. Sie erklärt, wie die Umsatzsteuer-Voranmeldungen auszufüllen sind, wo die Zahlen der Finanzbuchhaltung in den Zusammenfassenden Meldungen eingetragen werden und welche Angaben außerdem dort erforderlich sind. Sie stellt die Nachweispflichten für die steuerfreien innergemeinschaftlichen Lieferungen dar. Das Verfahren der Intrahandelsstatistik wird beschrieben. Eine Checkliste gibt Ihnen Sicherheit, daß Sie nichts Wesentliches vergessen.

So werden Sie mit dieser Schrift ein wichtiges Ziel für 1993 erreichen:

Fit für die Umsatzsteuer-Praxis des Binnenmarktes –
Buchungen, Nachweise und Meldungen sicher im Griff.

Paderborn, im Dezember 1992 *Harald Schmidt*

Inhaltsverzeichnis

1 Allgemeines

Ab 1. 1. 1993 fallen innerhalb der EG die steuerlichen Grenzen im Bereich der Umsatzsteuer. Es gibt also ab diesem Zeitpunkt im innergemeinschaftlichen Warenverkehr keine Einfuhrumsatzsteuer mehr.

Soweit es um Warenlieferungen von einem Mitgliedstaat in einen anderen geht, entfällt der umsatzsteuerliche Grenzausgleich, der bis zum 31. 12. 1992 darin besteht, daß die Ware an der Grenze

- entlastet wird von der Umsatzsteuer des Exportlandes und
- belastet wird mit der Umsatzsteuer des Importlandes (Einfuhrumsatzsteuer).

Ab 1. 1. 1993 bilden die Mitgliedstaaten ein einheitliches Wirtschaftsgebiet, das **Gemeinschaftsgebiet**. Der Grenzausgleich wird im Gemeinschaftsgebiet von der Grenze in die Unternehmen bzw. zu den Finanzämtern verlagert. Warenlieferungen zwischen vorsteuerabzugsberechtigten Unternehmern von einem Mitgliedstaat in einen anderen werden bei dem Lieferer als umsatzsteuerfreie innergemeinschaftliche Lieferung und beim Erwerber als umsatzsteuerbaren innergemeinschaftlichen Erwerb behandelt.

Zu unterscheiden sind

- das Ursprungslandprinzip und
- das Bestimmungslandprinzip.

Ursprungslandprinzip: Die Besteuerung des Binnenumsatzes erfolgt im Ursprungsland der Waren.

Bestimmungslandprinzip: Die Besteuerung des Binnenumsatzes erfolgt im Bestimmungsland der Waren.

Es gibt Länder mit Exportüberschuß und Länder mit Importüberschuß. Wer von ihnen bevorzugt wohl welches Prinzip?

Beim Ursprungslandprinzip wird der Binnenumsatz im Ursprungsland besteuert. Länder mit hohem Exportüberschuß besteuern also den Umsatz der exportierten Waren selbst, während die importierenden

Länder diese Waren nicht besteuern. Diese besteuern den Binnenumsatz der importierten Waren beim Bestimmungslandprinzip. Es werden daher Länder mit hohem Exportüberschuß das Ursprungslandprinzip und Länder mit hohem Importüberschuß das Bestimmungslandprinzip bevorzugen.

Da Deutschland exportorientiert ist, vertrat es bei den Verhandlungen über die Einführung der Binnenmarkt-Umsatzsteuer das Ursprungslandprinzip. Die meisten anderen EG-Mitgliedstaaten lehnten es aber aus Haushaltsgründen ab. Erst ab 1. 1. 1997 soll es in Reinkultur eingeführt werden.

In der 4jährigen **Übergangszeit** von 1993 bis 1996[1] gilt folgende Regelung:

▶ **Ursprungslandprinzip:**

- Warenerwerbe privater Verbraucher auf Reisen in einem anderen EG-Mitgliedstaat.
- Grenzüberschreitende Versendungsumsätze an private Abnehmer und nicht vorsteuerabzugsberechtigte Unternehmer bis zu einer bestimmten Höhe.

▶ **Bestimmungslandprinzip:**

- Warenumsätze zwischen Unternehmern im grenzüberschreitenden Verkehr.
- Bestimmte innergemeinschaftliche Lieferungen an nicht zum Vorsteuerabzug berechtigte Abnehmer.
- Innergemeinschaftliche Lieferungen von neuen Fahrzeugen.
- Innergemeinschaftliche Lieferungen von verbrauchsteuerpflichtigen Waren an Letztverbraucher.

1 Die Übergangsregelung verlängert sich, wenn der Rat nicht rechtzeitig über die endgültige Regelung entscheidet.

2 Warenlieferungen an vorsteuerabzugsberechtigte Unternehmer

2.1 Innergemeinschaftlicher Erwerb

2.1.1 Steuertatbestand

§§-Kette

§ 1 Abs. 1 Nr. 5 UStG:	Steuerbarkeit des innergemeinschaftlichen Erwerbs
§ 1a UStG:	Voraussetzungen
§ 3d UStG:	Ort des innergemeinschaftlichen Erwerbs

Beispiel 1

Unternehmer FR in Straßburg liefert an den Unternehmer DE in Köln Damenmäntel. Seine Rechnung lautet:

20 Damenmäntel zu je 750 FF *15 000 FF*

Wie muß die Besteuerung nach dem **Bestimmungslandprinzip** erfolgen?

Die Lieferung des FR muß steuerfrei sein und der Erwerb durch DE in Deutschland muß besteuert werden.

Die Besteuerung in Deutschland erfolgt aufgrund des neuen Steuertatbestands:

§ 1 Abs. 1 Nr. 5 UStG

Der Umsatzsteuer unterliegt der innergemeinschaftliche Erwerb im Inland gegen Entgelt

Es müssen also folgende **Voraussetzungen** erfüllt sein:

- ▶ innergemeinschaftlicher Erwerb gegen Entgelt,
- ▶ im Inland.

§ 1a UStG

Voraussetzungen

a) Gelangen eines Gegenstands

- bei einer Lieferung
- an den Abnehmer (Erwerber)
- aus dem Gebiet eines Mitgliedstaates in das Gebiet eines anderen Mitgliedstaates;

b) Erwerber ist

- Unternehmer und erwirbt den Gegenstand für sein Unternehmen

  oder

- juristische Person, die
  - Nichtunternehmer ist oder
  - Unternehmer ist, aber den Gegenstand nicht für ihr Unternehmen erwirbt;

c) Lieferung an den Erwerber

- durch einen Unternehmer,
- im Rahmen seines Unternehmens,
- gegen Entgelt,
- nicht steuerfrei aufgrund Sonderregelung für Kleinunternehmer nach dem Recht des Mitgliedstaates des Lieferers.

Der gelieferte Gegenstand kann auch aus dem übrigen Gemeinschaftsgebiet in ein **Zollfreigebiet** gelangen.

Es spielt keine Rolle, ob der Lieferer den Gegenstand **zuvor in das Gemeinschaftsgebiet eingeführt** hat.

In § 1a UStG werden verschiedene Gebietsbegriffe gebraucht. Wir machen uns die Gebietsbegriffe klar.

§ 1 Abs. 2 und 2a UStG

Gebietsbegriffe

▶ Inland

Gebiet der Bundesrepublik Deutschland

abzüglich

- Zollausschlüsse und
- Zollfreigebiete.

▶ Zollausschlüsse

Deutsche Hoheitsgebiete, die vom deutschen Zollgebiet ausgeschlossen sind. Derzeit einziges Zollausschlußgebiet ist die von der Schweiz umgebene Gemeinde Büsingen.

▶ Zollfreigebiete

Deutsche Hoheitsgebiete, die vom deutschen Zollgebiet ausgeschlossen sind, aber auch keinem ausländischen Zollgebiet angeschlossen sind.

Das sind

a) deutsche Schiffe und Luftfahrzeuge in Gebieten, die zu keinem Zollgebiet gehören,
b) Helgoland,
c) die Freihäfen,
d) Gewässer und Watten zwischen der Hoheitsgrenze und der Zollgrenze an der Küste.

▶ Gemeinschaftsgebiet

Inland

zuzüglich

die Gebiete der übrigen Mitgliedstaaten der Europäischen Wirtschaftsgemeinschaft, die nach dem Gemeinschaftsrecht als Inland dieser Mitgliedstaaten gelten (übriges Gemeinschaftsgebiet).

▶ **Übriges Gemeinschaftsgebiet**

Gemeinschaftsgebiet

abzüglich

Inland.

▶ **Drittlandsgebiet**

Gebiet, das nicht Gemeinschaftsgebiet ist.

Gehören die **überseeischen Departements Frankreichs** zum Gemeinschaftsgebiet?

Das hängt davon ab, ob diese Gebiete nach dem Gemeinschaftsrecht zum Inland Frankreichs gelten. Nach Art. 3 der 6. EG-Umsatzsteuer-Richtlinie gelten sie nicht als französisches Inland.

Wozu gehört das Fürstentum **Monaco** umsatzsteuerrechtlich?

Das Fürstentum Monaco gilt als Gebiet der Französischen Republik (§ 1 Abs. 2a Satz 2 UStG).

Wozu gehört die **Insel Man** umsatzsteuerrechtlich?

Die Insel Man gilt als Gebiet des Vereinigten Königreichs Großbritannien und Nordirland (§ 1 Abs. 2a Satz 2 UStG).

Praxishinweis

Der Erwerber kann davon ausgehen, daß der Lieferer die zum Grundtatbestand des innergemeinschaftlichen Erwerbs unter c) des Kastens auf Seite 12 genannten Voraussetzungen erfüllt, wenn in seiner Rechnung

- die Umsatzsteuer-Identifikationsnummer eines anderen EG-Staats angegeben ist,
- keine ausländische Umsatzsteuer ausgewiesen wird und
- auf die in dem anderen EG-Staat geltende Steuerbefreiung für die innergemeinschaftliche Lieferung hingewiesen wird.

Der innergemeinschaftliche Erwerb muß auf einer **Lieferung** beruhen.

§ 3 Abs. 1 Satz 1 UStG

Lieferung

- Leistung eines Unternehmers,
- durch die der Unternehmer oder in seinem Auftrag ein Dritter
- den Abnehmer oder in dessen Auftrag einen Dritten befähigt, im eigenen Namen über einen Gegenstand zu verfügen (Verschaffung der Verfügungsmacht).

Im Ausgangsfall (Beispiel 1) sind die Damenmäntel aus dem Gebiet eines Mitgliedstaates in das Gebiet eines anderen Mitgliedstaates durch Lieferung des FR an den Abnehmer DE gelangt. Der Erwerber DE ist Unternehmer und hat die Mäntel für sein Unternehmen erworben. Die Lieferung erfolgte durch einen Unternehmer im Rahmen seines Unternehmens gegen Entgelt. Es handelt sich daher bei dem Erwerb der Damenmäntel durch DE um einen innergemeinschaftlichen Erwerb i.S. von § 1a UStG, der nach § 1 Abs. 1 Nr. 5 UStG steuerbar ist.

Bei einem **Reihengeschäft** gilt als Erwerber, wer das Umsatzgeschäft mit einem im Gebiet eines anderen Mitgliedstaates oder im Drittlandsgebiet ansässigen Lieferer abgeschlossen hat (§ 1a Abs. 1 Nr. 1 Satz 2 UStG).

Beispiel 2

Unternehmer DE1 in Hannover kauft bei dem Zwischenhändler DE2 in Aachen Anzüge. DE2 kauft die Anzüge bei dem Hersteller FR in Paris. FR versendet die Anzüge direkt an DE1.

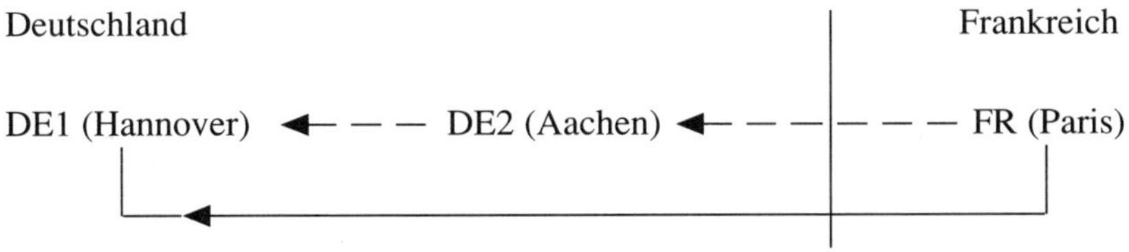

DE2 ist Erwerber des innergemeinschaftlichen Erwerbs.

2.1.2 Erwerbsschwelle

Bei folgenden **Erwerbern** von Gegenständen ist eine sogenannte Erwerbsschwelle zu beachten (§ 1a Abs. 3 UStG):

- Unternehmer, die nur steuerfreie Umsätze ausführen, die zum Ausschluß vom Vorsteuerabzug führen,
- Kleinunternehmer, die unter § 19 Abs. 1 UStG fallen,
- Land- und Forstwirte, die nach Durchschnittssätzen versteuern,
- juristische Personen, die nicht Unternehmer sind oder die zwar Unternehmer sind, aber den Gegenstand nicht für ihr Unternehmen erwerben.

Erwerbsschwelle

Gesamtbetrag der Entgelte für innergemeinschaftliche Erwerbe

- im **vorangegangenen** Kalenderjahr nicht höher als **25 000 DM** und
- voraussichtlich im **laufenden** Kalenderjahr ebenfalls nicht höher als **25 000 DM**.

Ist die Erwerbsschwelle **überschritten**, d. h. Gesamtbetrag der Entgelte für innergemeinschaftliche Erwerbe

- im Vorjahr höher als 25 000 DM oder/und
- voraussichtlich im laufenden Jahr höher als 25 000 DM,

dann unterliegen die vorgenannten Erwerber der Erwerbsbesteuerung.

Ist die Erwerbsschwelle **nicht überschritten**, d. h. Gesamtbetrag der Entgelte für innergemeinschaftliche Erwerbe

- im Vorjahr nicht höher als 25 000 DM und
- voraussichtlich im laufenden Jahr ebenfalls nicht höher als 25 000 DM,

dann

a) muß der Lieferer den Umsatz versteuern, entweder im Ursprungsland oder nach Maßgabe der sog. Versandhandelsregelung (s. Abschn. 3) im Bestimmungsland,

b) kann aber der Erwerber durch Verzicht auf die Anwendung der Erwerbsschwelle zur Erwerbsbesteuerung optieren (§ 1a Abs. 4 UStG). Daran ist er mindestens für 2 Jahre gebunden.

Beispiel 3

Der Arzt Dr. DE hat im Inland nur steuerfreie Umsätze. Er kauft bei FR in Straßburg einen Computer einschließlich Software für seine Praxisabrechnungen und die Karteiverwaltung für 75 000 FF.

100 FF = 30,70 DM

75 000 : 100 x 30,70 DM = 23 025 DM

Dr. DE ist Unternehmer, der nur steuerfreie Umsätze ausführt, die zum Ausschluß vom Vorsteuerabzug führen. Mit seinem Erwerb hat er nicht die Erwerbsschwelle überschritten. Angenommen, er hat auch im vergangenen Jahr die Erwerbsschwelle nicht überschritten und wird sie auch im laufenden Jahr nicht überschreiten. Daher muß der Lieferer FR den Umsatz versteuern. Hier soll dieser die Lieferschwelle nicht überschritten haben (s. Abschnitt 3.3). Dann muß FR die französische Umsatzsteuer in Höhe von 18,6% entrichten und stellt diese dem DE in Rechnung. DE kann das vermeiden, indem er auf die Anwendung der Erwerbsschwelle verzichtet. Dann findet für den Erwerb die Erwerbsbesteuerung statt. DE versteuert also den Erwerb des Computers mit 15 %. Der Verzicht bindet DE für mindestens 2 Kalenderjahre.

§ 1a Abs. 5 UStG

Neue Fahrzeuge und verbrauchsteuerpflichtige Waren

Erwerben die in § 1a Abs. 3 UStG genannten Erwerber neue Fahrzeuge oder verbrauchsteuerpflichtige Waren, sind sie ohne Rücksicht auf die Erwerbsschwelle erwerbsteuerflichtig.

Neue Fahrzeuge:	§ 1b Abs. 2 und 3 UStG
Verbrauchsteuerpflichtige Waren:	Mineralöle, Alkohol, alkoholische Getränke und Tabakwaren

2.1.3 Ort des innergemeinschaftlichen Erwerbs

Der innergemeinschaftliche Erwerb muß im **Inland** stattfinden (§ 1 Abs. 1 Nr. 5 UStG).

> ***Beispiel 4***
>
> *Unternehmer DK aus Kopenhagen liefert an Unternehmer DE in Köln einen Posten Pullover. DK kauft die Pullover bei F in Finnland und befördert sie von Finnland über Dänemark nach Köln. Er entrichtet bei der Durchfuhr durch Dänemark dort die dänische Einfuhrumsatzsteuer.*
>
> *Hat DE im Inland erworben?*

Wenn ein **Drittland**, wie hier Finnland, Ausgangspunkt einer Beförderung oder Versendung ist, muß zunächst die Frage geprüft werden, wo der Gegenstand im Gemeinschaftsgebiet eingeführt worden ist.

§ 3 Abs. 8 UStG

Ort der Lieferung nach einer Einfuhr

1. Gelangen des Gegenstandes einer Lieferung aus dem Drittlandsgebiet in das Gebiet eines Mitgliedstaates
2. bei einer Beförderung oder Versendung
   - an den Abnehmer oder
   - in dessen Auftrag an einen Dritten
3. Schuldner der Einfuhrumsatzsteuer:
   - Lieferer oder
   - Beauftragter des Lieferers oder
   - bei einem Reihengeschäft ein vorangegangener Lieferer oder dessen Beauftragter.

   Folge: Lieferung wird im Einfuhrland ausgeführt.

Drittland	anderer Mitgliedstaat	Inland

F – – – – – – – – – – – – ► DK – – – – – – – – – – – – ► DE

Einfuhr

Die Pullover wurden zunächst in Dänemark eingeführt. Daß DK die Waren in das Gemeinschaftsgebiet eingeführt hat, spielt für den innergemeinschaftlichen Erwerb keine Rolle (§ 1a Abs. 1 Nr. 1 UStG).

§ 3d UStG

Ort des innergemeinschaftlichen Erwerbs

Der Ort des innergemeinschaftlichen Erwerbs ist in dem Mitgliedstaat,

a) in dem sich der Gegenstand am Ende der Beförderung oder Versendung befindet oder
b) der dem Erwerber die USt-IdNr. erteilt hat bis zum Nachweis, daß der Erwerb durch den unter a) genannten Mitgliedstaat besteuert worden ist.

Am Ende der Beförderung befinden sich die Pullover in Köln, also im Inland. Ort des innergemeinschaftlichen Erwerbs ist also Köln.

Beispiel 5

DK läßt die Pullover erst in Deutschland einfuhrumsatzsteuerlich abfertigen.

Hat DE im Inland erworben oder wurden ihm die Pullover dort geliefert?

Drittland	anderer Mitgliedstaat	Inland

F – – – – – – – – – – – – ► DK – – – – – – – – – – – – ► DE

Einfuhr

Die Gegenstände der Lieferung gelangten bei der Beförderung an den Abnehmer DE aus dem Drittlandsgebiet in das Gebiet eines Mitgliedstaates. Die Lieferung ist als im Einfuhrland, also im Inland, ausgeführt zu behandeln, weil der Lieferer (DK) Schuldner der Einfuhrumsatzsteuer ist. DK hat an DE eine steuerbare Inlandslieferung ausgeführt.

Beispiel 6

1. *Abnehmer K in Köln bestellt Ware bei dem Lieferer B in Brüssel. B versendet die Ware nach K in Köln.*
2. *Abnehmer E in Essen bestellt Ware bei N in Amsterdam. Dieser führt die Ware aus USA ein und unterwirft sie in Holland der Einfuhrumsatzsteuer. Die Ware wird direkt von USA an E nach Essen versendet.*
3. *Abnehmer D in Dortmund bestellt Ware bei I in Rom. I befördert die Ware zu einer Betriebsstätte des D in Madrid.*
4. *Im Beispiel 3 verwendet D gegenüber I eine ihm in Deutschland erteilte Umsatzsteuer-Identifikationsnummer.*

Wo ist in diesen Fällen der Ort des innergemeinschaftlichen Erwerbs? Sind die Erwerbe in Deutschland umsatzsteuerbar?

Zu 1: Die Versendung endet in Köln. Köln ist der Ort des innergemeinschaftlichen Erwerbs. Dieser liegt im Inland. Der innergemeinschaftliche Erwerb ist also steuerbar.

Zu 2: Am Ende der Versendung befindet sich der Gegenstand in Essen. Essen ist daher der Ort des innergemeinschaftlichen Erwerbs, obwohl die Versendung in einem Nicht-EG-Staat beginnt.

Zu 3: Die Versendung endet in Madrid, also nicht im Inland. Daher ist der innergemeinschaftliche Erwerb nicht in Deutschland steuerbar.

Zu 4: Verwendet der Erwerber gegenüber dem Lieferer eine ihm von einem anderen Mitgliedstaat erteilte Umsatzsteuer-Identifikationsnummer, gilt der Erwerb solange in dem Gebiet dieses Mitgliedstaates als bewirkt, bis der Erwerber nachweist, daß der Erwerb durch den Mitgliedstaat besteuert worden ist, in dem sich der Gegenstand am Ende der Beförderung oder Versendung befindet (§ 3d Satz 2 UStG).

Der Ort des innergemeinschaftlichen Erwerbs verlagert sich durch gesetzliche Fiktion in das Gebiet des Mitgliedstaates, dessen Umsatzsteuer-Identifikationsnummer der Erwerber dem Lieferer angegeben hat. Ort der Lieferung ist also Dortmund. Der innergemeinschaftliche Erwerb ist somit in Deutschland steuerbar. Weist aber D nach, daß der Erwerb durch Spanien besteuert worden ist, wird die Besteuerung im Inland rückgängig gemacht. Es erfolgt daher keine Doppelbesteuerung.

2.1.4 Entstehen der Steuer beim innergemeinschaftlichen Erwerb

§ 13 Abs. 1 Nr. 6 UStG

Entstehen der Steuer beim innergemeinschaftlichen Erwerb

Für den innergemeinschaftlichen Erwerb entsteht die Steuer

- mit Ausstellung der Rechnung,
- spätestens mit Ablauf des dem Erwerb folgenden Kalendermonats.

Beispiel 7

Unternehmer FR hat im Beispiel 1 dem deutschen Unternehmer DE die Rechnung am 20. 3. 1993 ausgestellt. DE hat die Damenmäntel am 10. 1. 1993 erworben.

20 Damenmäntel zu je 750 FF	*15 000 FF*

Wann entsteht die Steuer?

Ausstellung der Rechnung:	20. 3. 1993
Erwerb:	10. 1. 1993
Ablauf des auf den Erwerb folgenden Monats:	28. 2. 1993
Spätester Zeitpunkt:	28. 2. 1993

Daher entsteht die Steuer mit Ablauf des auf den Erwerb folgenden Monats, also mit Ablauf des 28.2. 1993.

2.1.5 Bemessungsgrundlage der Steuer beim innergemeinschaftlichen Erwerb

Auch bei dem innergemeinschaftlichen Erwerb wird der Umsatz nach dem **Entgelt** bemessen (§ 10 Abs. 1 Satz 1 UStG).

Die Steuer beträgt für jeden steuerpflichtigen Umsatz 15% der Bemessungsgrundlage (§ 12 Abs. 1 UStG).

§ 16 Abs. 6 Satz 1 UStG

Umrechnung von Werten in fremder Währung

Werte in fremder Währung sind zur Berechnung der Steuer und der abziehbaren Vorsteuerbeträge auf Deutsche Mark nach den amtlichen Briefkursen umzurechnen, die der Bundesminister der Finanzen als Durchschnittskurse für den Monat öffentlich bekannt gibt, in dem die Leistung ausgeführt wird (§ 16 Abs. 6 Satz 1 UStG).

Der maßgebende Durchschnittskurs soll im vorstehenden Fall betragen: 100 FF = 30,70 DM. Wie hoch ist die Umsatzsteuer für den innergemeinschaftlichen Erwerb der Damenmäntel durch DE?

Entgelt: 15 000 FF
15 000 : 100 x 30,70 = 4605 DM
15 % x 4605 DM = 690,75 DM
Die Umsatzsteuer für den innergemeinschaftlichen Erwerb durch DE beträgt also 690,75 DM.

2.1.6 Vorsteuerabzug

§ 15 Abs. 1 Nr. 3 UStG

Vorsteuerabzug der Erwerbsteuer

Unternehmer können die Steuer für den innergemeinschaftlichen Erwerb von Gegenständen für ihr Unternehmen als Vorsteuer abziehen.

Voraussetzung für den Vorsteuerabzug ist lediglich, daß der Unternehmer die Gegenstände für sein Unternehmen erworben hat. Eine weitere Voraussetzung, insbesondere das Vorliegen einer Rechnung, muß für den Vorsteuerabzug der Erwerbsteuer nicht erfüllt sein.

Die Erwerbsteuer wird also als Vorsteuer abgezogen. Das Recht auf Vorsteuerabzug entsteht in demselben **Zeitpunkt**, in dem die Erwerbsteuer entsteht. Hierdurch kann der Unternehmer den Vorsteuerabzug in derselben Umsatzsteuer-Voranmeldung oder -erklärung geltend machen, in der er den innergemeinschaftlichen Erwerb zu besteuern hat.

Ein Unternehmer, der zum vollen Vorsteuerabzug berechtigt ist, wird also mit der Erwerbsteuer nicht belastet[2].

2.2 Innergemeinschaftliche Lieferung

§§-Kette

§ 4 Nr. 1 b UStG:	Steuerfreiheit der innergemeinschaftlichen Lieferung
§ 6a UStG:	Voraussetzungen

Beispiel 8

Unternehmer DE in München liefert an den Unternehmer NL in den Niederlanden 25 Elektromotoren, die dieser an verschiedene Kunden weiterliefert. Die Rechnung von DE an NL lautet:

25 Elektromotoren zu je 350 DM	*8750 DM*

2 BT-Drucks. 12/2463 S. 33.

§ 4 Nr. 1 b UStG

Innergemeinschaftliche Lieferungen sind steuerfrei

§ 6a UStG

Voraussetzungen

a) Beförderung oder Versendung des Gegenstands der Lieferung in das übrige Gemeinschaftsgebiet;

b) Abnehmer ist

- Unternehmer und erwirbt den Gegenstand der Lieferung für sein Unternehmen,
- juristische Person, die
  - Nichtunternehmer ist oder
  - Unternehmer ist, aber den Gegenstand nicht für ihr Unternehmen erwirbt

oder

- ein anderer Erwerber bei der Lieferung eines neuen Fahrzeugs;

c) in dem anderen Mitgliedstaat unterliegt der Erwerb durch den Abnehmer den Vorschriften der Umsatzbesteuerung.

Was ist Befördern und Versenden?

Befördern ist jede Fortbewegung eines Gegenstandes (§ 3 Abs. 7 Satz 2 UStG).

Beim **Versenden** läßt der Unternehmer die Beförderung eines Gegenstands durch einen selbständigen Beauftragten ausführen oder besorgen (§ 3 Abs. 7 Satz 4 UStG).

In den Niederlanden unterliegt der Erwerb durch den Unternehmer den Vorschriften der Umsatzbesteuerung (s. Abschnitt 2.1). Abnehmer NL ist Unternehmer. Er will die Elektromotoren an seine Kunden weiterliefern im Rahmen seines Unternehmens. Er hat daher die Gegenstände der Lieferung für sein Unternehmen erworben. Der deutsche

Unternehmer DE hat die Elektromotoren in das übrige Gemeinschaftsgebiet versendet. Die Voraussetzungen für eine innergemeinschaftliche Lieferung (§ 6a UStG) und damit der Steuerbefreiung nach § 4 Nr. 1 b UStG sind daher erfüllt. Die Lieferung des DE an den niederländischen Unternehmer NL ist also umsatzsteuerfrei.

Die Voraussetzungen der innergemeinschaftlichen Lieferung müssen nachgewiesen werden (§ 6a Abs. 3 UStG). Wie das zu geschehen hat, wird in Abschnitt 9.2 dargestellt.

2.3 Reihengeschäft

2.3.1 Nur Inlandslieferungen

Beispiel 9

U1 kauft einen Gegenstand bei U2. Dieser kauft den Gegenstand bei U3, der ihn bei U4 kauft. U4 liefert ihn direkt an U1 aus, indem er ihn dorthin mit eigenem Pkw befördert.

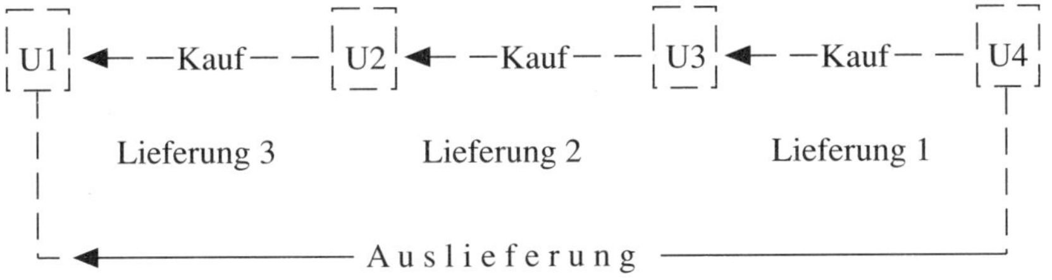

Bei einem Reihengeschäft sind zu unterscheiden:

- die Verpflichtungsgeschäfte zwischen den mehreren Unternehmern in der Reihe und
- die Erfüllungsgeschäfte der Verpflichtungsgeschäfte der Unternehmer in der Reihe.

Im vorstehenden Beispiel sind Verpflichtungsgeschäfte:

- Kauf U1/U2,
- Kauf U2/U3,
- Kauf U3/U4.

Sie beziehen sich alle auf denselben Gegenstand. U1 kauft diesen von U2. U2 kauft ihn von U3. Dieser kauft ihn von U4.

Diese Verpflichtungsgeschäfte könnten erfüllt werden, indem U4 den Gegenstand an U3 liefert, dieser ihn dann an U2 liefert und dieser ihn schließlich an U1 liefert. Da letztlich U1 den Gegenstand erhalten soll, kann das Verfahren auch dadurch verkürzt werden, indem U4 direkt an U1 liefert. Durch diese „Auslieferung“ des Gegenstands durch den ersten Unternehmer in der Reihe an den letzten Abnehmer wird gleichzeitig jedes Verpflichtungsgeschäft zwischen den Unternehmern in der Reihe erfüllt.

§ 3 Abs. 2 UStG

Reihengeschäft

- Mehrere Unternehmer schließen Umsatzgeschäfte ab
- über denselben Gegenstand.
- Sie erfüllen diese Geschäfte dadurch, daß der erste Unternehmer dem letzten Abnehmer in der Reihe unmittelbar die Verfügungsmacht über den Gegenstand verschafft.

Folge: Die Lieferung an den letzten Abnehmer gilt gleichzeitig als Lieferung eines jeden Unternehmers in der Reihe.

Für die Erfüllungsgeschäfte wird fingiert, daß die Lieferung an den letzten Abnehmer gleichzeitig die Lieferung an jeden Unternehmer in der Reihe ist. In dem vorstehenden Beispiel ist also die Lieferung 3 gleichzeitig die Lieferung für alle Verpflichtungsgeschäfte in der Reihe.

Die Lieferung wird dort ausgeführt, wo sich der Gegenstand zur Zeit der Verschaffung der Verfügungsmacht befindet (§ 3 Abs. 6 UStG). Mit Verschaffung der Verfügungsmacht an den letzten Abnehmer in der Reihe werden daher gleichzeitig so viele Lieferungen ausgeführt, wie Umsatzgeschäfte in der Reihe zu erfüllen sind.

Die Verfügungsmacht wird dem letzten Abnehmer in der Reihe verschafft, hier dem U1. **Ort der Lieferung** für alle Unternehmer in der

Reihe, also für U1, U2, U3 und U4 ist also dort, wo dem U1 die Verfügungsmacht verschafft wird. Es gibt daher für alle Lieferungen in der Reihe nur einen Lieferort.

Da es sich hier um eine **Beförderung** handelt, gilt die Lieferung mit dem Beginn der Beförderung als ausgeführt (§ 3 Abs. 7 Satz 1 UStG).

2.3.2 Ausfuhrlieferung

Beispiel 10

FR in Straßburg verkauft an CH in Bern eine Spezialmaschine, die er von DE in Köln kauft. DE versendet die Maschine an CH direkt durch einen Spediteur in Köln.

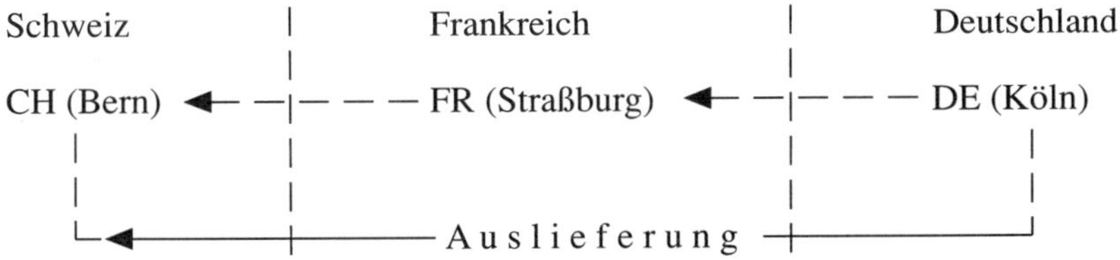

Bei einer **Versendung** gilt die Lieferung mit der Übergabe des Gegenstands an den Beauftragten als ausgeführt (§ 3 Abs. 7 Satz 3 UStG). Mit der Übergabe der Maschine an den Spediteur hat daher DE geliefert. Ort der Lieferungen des DE an FR und des FR an CH ist daher Köln. Der Gegenstand wurde hierbei in das Drittlandsgebiet versendet (§ 6 Abs. 1 Nr. 1 UStG). Die Lieferungen des DE an FR und des FR an CH sind daher als Ausfuhrlieferungen steuerfrei[3].

3 Innergemeinschaftlicher Erwerb durch FR scheidet aus, da der Gegenstand nicht aus dem Gebiet eines Mitgliedstaates in das Gebiet eines anderen Mitgliedstaates gelangt ist.

2.3.3 Inlandslieferung nach dem innergemeinschaftlichen Erwerb

Beispiel 11

B in Berlin kauft bei dem Zwischenhändler K in Köln Ware. Dieser kauft die Ware bei dem Hersteller FR in Paris. FR versendet sie direkt an B nach Berlin durch einen Spediteur, den er in Paris beauftragt.

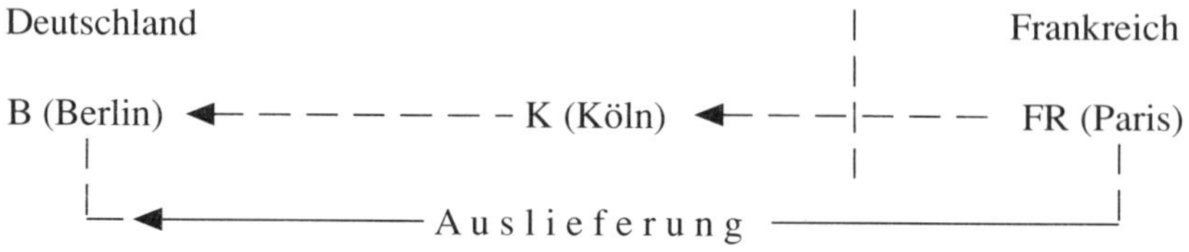

Bei einem Reihengeschäft gibt es mehrere Erwerber. Jeder Abnehmer in der Kette ist gleichzeitig Erwerber. Daher bestimmt das UStG, wer von den mehreren Erwerbern den innergemeinschaftlichen Erwerb zu versteuern hat.

§ 1a Abs. 1 Nr. 1 Satz 2 UStG

Erwerber bei einem innergemeinschaftlichen Erwerb in einem Reihengeschäft

Als Erwerber gilt, wer das Umsatzgeschäft (als Erwerber) abgeschlossen hat

- mit einem im Gebiet eines anderen Mitgliedstaates ansässigen Lieferer

  oder

- im Drittlandsgebiet ansässigen Lieferer.

Hiernach ist K Erwerber (bei einem innergemeinschaftlichen Erwerb). Das Geschäft FR/K ist also auf seiten des K innergemeinschaftlicher Erwerb und auf seiten des FR innergemeinschaftliche Lieferung.

Wo ist der **Ort** der Lieferung bei dem innergemeinschaftlichen Erwerb des K?

Nach § 3d UStG ist Ort des innergemeinschaftlichen Erwerbs in dem Mitgliedstaat,

- in dem sich der Gegenstand am Ende der Beförderung oder Versendung befindet **oder**
- dessen USt-IdNr. der Erwerber dem Lieferer gegenüber verwendet.

Hier handelt es sich um ein Versendungsgeschäft und K hat keine USt-IdNr. gegenüber FR verwendet. Am Ende der Versendung befindet sich der Gegenstand im Inland.

Wo endet die Versendung im Rahmen des innergemeinschaftlichen Erwerbs, wo ist also im vorstehenden Beispiel der Ort des Erwerbs, Köln oder Berlin?

Im vorstehenden Beispiel folgt auf den innergemeinschaftlichen Erwerb eine weitere Lieferung. Der innergemeinschaftliche Erwerb ist in Köln beendet. Hier endet die Versendung im Rahmen des innergemeinschaftlichen Erwerbs. Ort des innergemeinschaftlichen Erwerbs ist also Köln.

Die weitere Lieferung des K an B ist eine normale Inlandslieferung. Hier richtet sich der Ort der Lieferung nach § 3 Abs. 8a UStG.

§ 3 Abs. 8a UStG

Ort der bei einem Reihengeschäft auf einen innergemeinschaftlichen Erwerb folgenden Lieferungen

Bei einem innergemeinschaftlichen Reihengeschäft gelten die auf den innergemeinschaftlichen Erwerb folgenden Lieferungen als im Gebiet des Mitgliedstaates durchgeführt, in dem der innergemeinschaftliche Erwerb der Umsatzsteuer unterliegt.

K liefert daher an B in Deutschland. Er zieht seine Erwerbsteuer als Vorsteuer ab und stellt die auf die Lieferung an B entfallende Umsatzsteuer dem B gesondert in Rechnung.

2.3.4 Inlandslieferungen vor und nach dem innergemeinschaftlichen Erwerb

Beispiel 12

F3 in Frankreich kauft bei F2 in Frankreich einen Gegenstand. Dieser kauft ihn bei F1 in Frankreich. F1 kauft den Gegenstand bei D2 in Aachen. Dieser kauft ihn bei D1 in Essen. D1 versendet den Gegenstand direkt an F3.

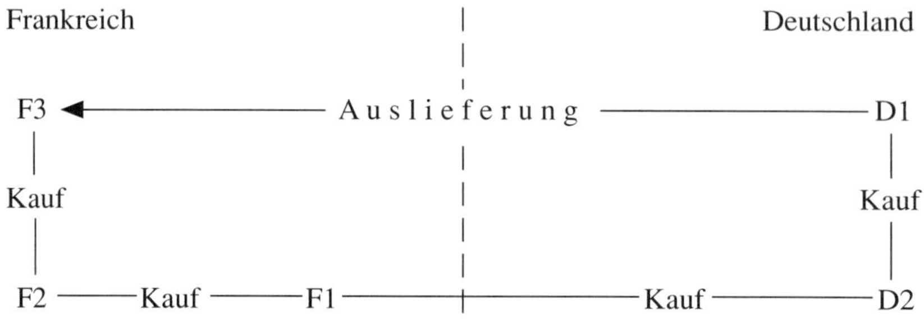

In diesem Beispiel gibt es innerhalb des Reihengeschäftes

- Lieferungen in Deutschland,
- Lieferungen in Frankreich und
- einen innergemeinschaftlichen Erwerb.

Beachten Sie hier folgende §§-Kette:

§§-Kette

§ 3 Abs. 2 UStG:	Ort der Lieferungen vor dem innergemeinschaftlichen Erwerb
§ 1a Abs. 1 Nr. 1 UStG:	Ort des innergemeinschaftlichen Erwerbs
§ 3 Abs. 8 a UStG:	Ort der Lieferung der auf den innergemeinschaftlichen Erwerb folgenden Umsätze

Die Lieferungen in Deutschland richten sich nach § 3 Abs. 2 UStG.

Ort der Lieferung für D1 und D2 ist der für D1 maßgebende Lieferort. Für D1 handelt es sich um eine Versendung, für welche die allgemeinen Vorschriften gelten, hier also § 3 Abs. 7 UStG. Ort der Lieferung für D1 und D2 ist also Deutschland.

F1 hat mit dem im Gebiet eines anderen Mitgliedstaates ansässigen Lieferer ein Umsatzgeschäft abgeschlossen. Er gilt daher als Erwerber für die Erwerbsteuer (§ 1a Abs. 1 Nr. 1 UStG). D2 führt an ihn eine innergemeinschaftliche Lieferung aus. F1 besteuert den Erwerb und kann die Erwerbsteuer als Vorsteuer abziehen.

Die auf den innergemeinschaftlichen Erwerb folgenden Lieferungen, also die Lieferungen F1/F2 und F2/F3, gelten als in Frankreich ausgeführt (§ 3 Abs. 8a UStG).

2.3.5 Inlandslieferungen vor und nach dem innergemeinschaftlichen Erwerb unter Beteiligung eines Drittländers

Beispiel 13

F3 in Frankreich kauft bei F2 in Frankreich einen Gegenstand. Dieser kauft ihn bei F1 in Frankreich. F1 kauft den Gegenstand bei CH in Bern. Dieser kauft ihn bei D2 in Aachen. D2 kauft ihn bei D1 in Essen. D1 versendet den Gegenstand direkt an F3.

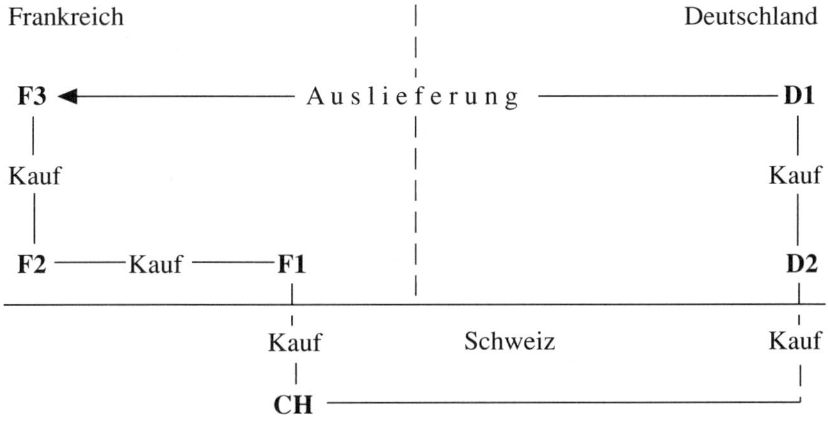

Auch hier handelt es sich um ein Reihengeschäft. Erster Unternehmer in der Reihe ist D1. Ort der Lieferung für D1 und D2 ist daher der für D1 maßgende Ort, also Deutschland.

Der Gegenstand ist von D1 aus in das Drittlandsgebiet Schweiz versendet worden. Es liegt daher eine **Ausfuhrlieferung** vor (§ 6 Abs. 1 Nr. 1 UStG). Weder D1 noch D2 können aber die Voraussetzungen für eine Ausfuhr nachweisen, da der Gegenstand nicht über die Grenze zur Schweiz gebracht wurde. Er wurde über die Grenze nach Frankreich gebracht. Frankreich ist aber nicht Drittland, sondern EG-Staat.

Als Erwerber im Sinne der **Erwerbsbesteuerung** gilt auch, wer in der Reihe ein Umsatzgeschäft mit einem im Drittlandsgebiet ansässigen Lieferer abgeschlossen hat. Für die Erwerbsbesteuerung ist daher F1 Erwerber. CH liefert somit an F1 im Rahmen einer innergemeinschaftlichen steuerfreien Lieferung. Er gehört zum Kreis der Lieferer vor dem innergemeinschaftlichen Erwerb, wie im Beispiel 12. Ort seiner Lieferung ist daher der für D1 maßgebende Lieferort, also Deutschland (§ 3 Abs. 2 i.V. mit § 3 Abs. 7 UStG).

Voraussetzung für eine steuerfreie Lieferung ist, daß in der Rechnung des Lieferers für den Lieferer die USt-IdNr. eines Mitgliedstaats angegeben wird (siehe Abschnitt 7.1). Sind daher Drittlandsunternehmer in die Unternehmerkette eines innergemeinschaftlichen Reihengeschäfts eingeschaltet und verläßt die Ware nicht das Gemeinschaftsgebiet, müssen sie sich in einem Mitgliedstaat registrieren lassen. CH muß sich daher im vorstehenden Beispiel eine USt-IdNr. in Deutschland erteilen lassen. Er muß auch eine Quartalsmeldung nach § 18a UStG abgeben.

2.4 Fiktive Erwerbe und Lieferungen

Als innergemeinschaftlicher Erwerb gegen Entgelt bzw. innergemeinschaftliche Lieferung gilt, wird also durch Gesetz fingiert (§ 1a Abs. 2, § 3 Abs. 1a UStG),

- das **Verbringen** eines Gegenstands und
- die Inanspruchnahme bzw. Gewährung einer Werkleistung, insbesondere einer **Lohnveredelung**.

2.4.1 Verbringen eines Gegenstands

Mit der Regelung der Besteuerung des Verbringens sollen nicht lieferungsbedingte Warenbewegungen über die Binnengrenzen hinweg den Lieferungen über die Binnengrenzen gleichgestellt werden. Hierdurch soll das Steueraufkommen gesichert werden. Der verbringende Unternehmer gilt als Erwerber bzw. Lieferer. Bei dem Verbringenstatbestand ist an die Fälle gedacht, in denen ein Unternehmer **Unternehmensteile im Inland und in einem anderen Mitgliedstaat** hat und aus dem in dem anderen Mitgliedstaat befindlichen Unternehmensbereich Gegenstände in den Unternehmensbereich im Inland oder aus dem im Inland befindlichen Unternehmensbereich Gegenstände in den Unternehmensbereich in dem anderen Mitgliedstaat verbringt. Die Gegenstände müssen im Inland (beim fiktiven innergemeinschaftlichen Erwerb) oder im übrigen Gemeinschaftsgebiet (bei der fiktiven Lieferung gegen Entgelt) auf Dauer verwendet werden, also entweder als **Anlagegut** genutzt oder **weitergeliefert** oder **verbraucht** werden.

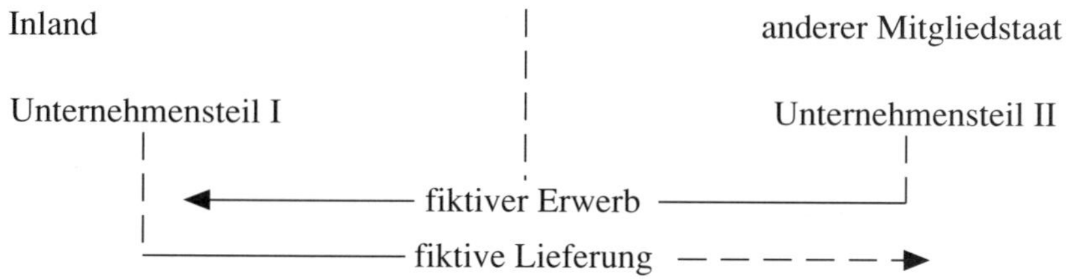

Es gilt das Verbringen des Gegenstands

- in den Eingangs-Mitgliedstaat (Verbringen aus dem übrigen Gemeinschaftsgebiet in das jeweilige Inland) als **innergemeinschaftlicher Erwerb**,

§§-Kette

§ 1 Abs. 1 Nr. 5 UStG:	Steuerbarkeit des innergemeinschaftlichen Erwerbs
§ 1a Abs. 2 Nr. 1 UStG:	Fiktion des Verbringens aus dem übrigen Gemeinschaftsgebiet in das Inland als **innergemeinschaftlicher Erwerb**

- aus dem Ausgangs-Mitgliedstaat (Verbringen aus dem jeweiligen Inland in das übrige Gemeinschaftsgebiet) als **innergemeinschaftliche Lieferung**.

§§-Kette

§ 4 Nr. 1 b UStG:	Steuerfreiheit der innergemeinschaftlichen Lieferung
§ 6a Abs. 2 Nr. 1 UStG:	Fiktion des einer Lieferung gleichgestellten Verbringens als innergemeinschaftliche Lieferung
§ 3 Abs. 1a Nr. 1 UStG:	Voraussetzung für die Gleichstellung eines Verbringens mit einer innergemeinschaftlichen Lieferung

Der Verbringensteil, der als innergemeinschaftliche Lieferung gilt, ist umsatzsteuerfrei.

Der Verbringensteil, der als innergemeinschaftlicher Erwerb fingiert wird, unterliegt in dem Mitgliedstaat, in den der Gegenstand verbracht wird, der Erwerbsbesteuerung.

Praxishinweis

Ein Sachverhalt ist vom jeweiligen Inland aus zu beurteilen. Verbringungen in Deutschland als Inland sind also fiktive Erwerbe, wenn Gegenstände aus dem übrigen Gemeinschaftsgebiet in das Inland verbracht werden und fiktive Lieferungen, wenn Gegenstände aus dem Inland in das übrige Gemeinschaftsgebiet verbracht werden.

2.4.1.1 Fiktiver innergemeinschaftlicher Erwerb

§ 1a Abs. 2 Nr. 1 UStG

Fiktiver innergemeinschaftlicher Erwerb

Als innergemeinschaftlicher Erwerb gegen Entgelt wird fingiert:

- Das Verbringen eines Gegenstands des Unternehmens
- aus dem übrigen Gemeinschaftsgebiet in das Inland, auch wenn der Gegenstand in das Gemeinschaftsgebiet eingeführt wurde,
- durch einen Unternehmer
- zu seiner Verfügung, ausgenommen zu einer nur vorübergehenden Verwendung.

Folge: Der Unternehmer gilt als Erwerber eines innergemeinschaftlichen Erwerbs.

Beispiel 14

Der deutsche Unternehmer DE verbringt Waren von seinem französischen Auslieferungslager zu seinem deutschen Betrieb. Die Waren sind in Deutschland zum Verkauf bestimmt.

Schuldet DE deutsche Erwerbsteuer?

DE verbringt Gegenstände aus dem übrigen Gemeinschaftsgebiet in das Inland. Die Gegenstände sind Waren und sollen im Inland umgesetzt werden, also ihrem endgültigen Zweck zugeführt werden. Sie sollen daher nicht nur vorübergehend verwendet werden. Es handelt sich also um einen fiktiven Erwerb durch Verbringen. DE schuldet deutsche Erwerbsteuer. Diese kann er als Vorsteuer abziehen. Verkauft er später die Ware im Inland, ist das eine steuerbare Lieferung.

Beispiel 15

Der Bauunternehmer NL aus Amsterdam baut in Köln den Rohbau eines Hochhauses. Er verbringt von seinem Bauhof in Amsterdam Zement, Sand und Kies zur Baustelle in Köln, die dort beim Bau des Hochhauses verbraucht werden. Ferner hat er für die Dauer des

Baues – 18 Monate – einige Betonmischer und einen Turmdrehkran von seinem Bauhof in Amsterdam zur Baustelle in Köln verbracht.

Schuldet NL deutsche Erwerbsteuer?

NL hat den Zement, den Sand und den Kies zu seiner Verfügung aus dem übrigen Gemeinschaftsgebiet in das Inland verbracht. Diese Gegenstände rechnen zum **Umlaufvermögen**. Umlaufgegenstände sind zur Veräußerung, zur Verwertung oder zum Verbrauch bestimmt. Werden sie diesem Zweck zugeführt, werden sie endgültig verwendet. Durch den Einbau der Baumaterialien in den Bau wurden diese daher nicht nur vorübergehend verwendet. Für die Verwendung der Baumaterialien schuldet also NL deutsche Erwerbsteuer.

Die Baumaschinen sollten nur für die Zeit der Durchführung des Baues auf der Baustelle in Köln bleiben. Sie gehörten zwar für diese Zeit zum **Anlagevermögen** der Betriebsstätte in Köln. Sie sollten dann aber wieder nach Amsterdam gebracht werden. Nach der EG-Gemeinschaftsrichtlinie wird ein Anlagegegenstand nur vorübergehend in einen anderen Mitgliedstaat verbracht, wenn der Zeitraum nicht länger als **24 Monate** dauert und wenn der Gegenstand auch bei einer Einfuhr **frei** von **Eingangsabgaben** wäre. Hiernach geschah die Verbringung der Baumaschinen nur vorübergehend.

2.4.1.2 Fiktive innergemeinschaftliche Lieferung

§ 3 Abs. 1a Nr. 1 UStG

Fiktive innergemeinschaftliche Lieferung

Als Lieferung gegen Entgelt wird fingiert:

- Das Verbringen eines Gegenstands des Unternehmens
- aus dem Inland in das übrige Gemeinschaftsgebiet, auch wenn der Unternehmer den Gegenstand in das Inland eingeführt hat,
- durch einen Unternehmer
- zu seiner Verfügung, ausgenommen zu einer nur vorübergehenden Verwendung.

Folge: Der Unternehmer gilt als Lieferer einer innergemeinschaftlichen Lieferung.

Diese Lieferung ist im Inland **steuerfrei** (§ 6a Abs. 2 Nr. 1 UStG).

Im Bestimmungsland ist das Verbringen ein innergemeinschaftlicher Erwerb und unterliegt daher dort der Erwerbsteuer (§ 1a Abs. 2 Nr. 1 i.V. mit § 1 Abs. 1 Nr. 5 UStG).

Beispiel 16

Unternehmer A in Aachen verbringt zum Verkauf bestimmte Ware aus Aachen in sein französisches Auslieferungslager.

Das Verbringen aus Deutschland nach Frankreich ist eine steuerfreie innergemeinschaftliche Lieferung und gleichzeitig in Frankreich ein innergemeinschaftlicher Erwerb. A schuldet hierfür in Frankreich französische Umsatzsteuer. Diese kann er als Vorsteuer abziehen. Der spätere Verkauf in Frankreich ist eine selbständige Lieferung.

2.4.1.3 Bemessungsgrundlage

Beide Umsätze, die Lieferung und der Erwerb, werden wie der Entnahmeeigenverbrauch bemessen:

§ 10 Abs. 4 Nr. 1 UStG

Bemessungsgrundlage für den fiktiven innergemeinschaftlichen Erwerb und die fiktive innergemeinschaftliche Lieferung beim Verbringen

Einkaufspreis + Nebenkosten

oder, falls Einkaufspreis fehlt:

Selbstkosten

jeweils zum Zeitpunkt des Umsatzes

Die Umsatzsteuer für den fiktiven innergemeinschaftlichen Erwerb wird als Vorsteuer abgezogen.

2.4.2 Lohnveredelungen

Bei einer für die Umsatzbesteuerung im Binnenmarkt relevanten Lohnveredelung beauftragt der inländische Auftraggeber einen Unternehmer in einem anderen Mitgliedstaat, aus einem von ihm übergebenen Gegenstand einen **Gegenstand anderer Funktion** herzustellen.

Es darf sich also nicht um bloße Reparatur, Wartung, Reinigung, Beschriften, Etikettieren oder Befüllen eines Gegenstands handeln.

Nach der Lohnveredelung muß der Gegenstand zur Verfügung des Auftraggebers in das Inland gelangen. Der inländische Auftraggeber wird als Erwerber, der inländische Auftragnehmer als Lieferer fingiert.

Die innergemeinschaftliche Lohnveredelung gilt

- ► als **innergemeinschaftlicher Erwerb** des Veredelungsempfängers (Auftraggebers), der steuerpflichtig ist

  und

- ► als **innergemeinschaftliche Lieferung** des Veredlers (Auftragnehmers), die umsatzsteuerfrei ist.

§§-Ketten

- auf seiten des Auftraggebers (fiktiver innergemeinschaftlicher Erwerb):

§ 1 Abs. 1 Nr. 5 UStG:	Steuerbarkeit des innergemeinschaftlichen Erwerbs
§ 1a Abs. 2 Nr. 2 UStG:	Fiktion der Inanspruchnahme einer Lohnveredelung als innergemeinschaftlicher Erwerb

- auf seiten des Auftragnehmers (fiktive innergemeinschaftliche Lieferung):

§ 4 Nr. 1b UStG:	Umsatzsteuerfreiheit der innergemeinschaftlichen Lieferung

§ 6a Abs. 2 Nr. 2 UStG:	Fiktion der Leistung einer Lohnveredelung als innergemeinschaftliche Lieferung
§ 3 Abs. 1a Nr. 2 UStG:	Voraussetzungen der Leistung einer Lohnveredelung

Praxishinweis

Die Lohnveredelung ist vom jeweiligen inländischen Unternehmer aus zu beurteilen. Ist dieser Auftraggeber einer Lohnveredelung, handelt es sich für ihn um einen innergemeinschaftlichen Erwerb. Ist er Auftragnehmer einer Lohnveredelung, handelt es sich für ihn um eine innergemeinschaftliche Lieferung.

2.4.2.1 Fiktiver innergemeinschaftlicher Erwerb

§ 1a Abs. 2 Nr. 2 UStG

Fiktion der Inanspruchnahme einer Lohnveredelung als innergemeinschaftlicher Erwerb

- Inländischer Auftraggeber beauftragt einen Unternehmer im übrigen Gemeinschaftsgebiet,
- aufgrund Werkvertrags herzustellen
- aus einem von ihm übergebenen Gegenstand
- einen Gegenstand anderer Funktion.
- Anschließend gelangt der Gegenstand anderer Funktion zur Verfügung des Auftraggebers in das Inland.

Folge: Der inländische Auftraggeber gilt hinsichtlich der Lohnveredelung als Erwerber eines innergemeinschaftlichen Erwerbs.

Beispiel 17

Der deutsche Unternehmer DE verbringt Ware nach Frankreich zu FR zur Lohnveredelung. Anschließend gelangt die Ware wieder zu DE zurück.

Bei DE liegt ein innergemeinschaftlicher Erwerb vor. Er hat deutsche Erwerbsteuer zu zahlen, die er als Vorsteuer abziehen kann.

2.4.2.2 Fiktive innergemeinschaftliche Lieferung

§ 3 Abs. 1a Nr. 2 UStG

Fiktion der Leistung einer Lohnveredelung als innergemeinschaftliche Lieferung

- Auftraggeber im übrigen Gemeinschaftsgebiet beauftragt Unternehmer im Inland,
- aufgrund Werkvertrags herzustellen
- aus einem von ihm übergebenen Gegenstand
- einen Gegenstand anderer Funktion.
- Anschließend gelangt der Gegenstand anderer Funktion zur Verfügung des Auftraggebers in das übrige Gemeinschaftsgebiet.

Folge: Der inländische Auftragnehmer gilt hinsichtlich der Lohnveredelung als Lieferer einer innergemeinschaftlichen Lieferung.

Beispiel 18

Der französische Unternehmer FR verbringt Ware zum deutschen Unternehmer DE zur Lohnveredelung. Anschließend gelangt die Ware wieder zu FR zurück.

Es handelt sich bei der Lohnveredelung um eine fiktive Lieferung des deutschen Unternehmers DE, die als innergemeinschaftliche Lieferung steuerfrei ist. Der französische Unternehmer hat in Frankreich französische Erwerbsteuer zu zahlen, die er in Frankreich als Vorsteuer abziehen kann.

3 Versandhandel

3.1 Befördern und Versenden

§ 3 Abs. 7 Satz 1 und 2 UStG

Befördern

- Befördern: Jede Fortbewegung eines Gegenstands.
- Ort der Lieferung: Beginn der Beförderung.

§ 3 Abs. 7 Satz 3 und 4 UStG

Versenden

- Versenden: Der Unternehmer läßt die Beförderung eines Gegenstands durch einen selbständigen Beauftragten ausführen oder besorgen.
- Ort der Lieferung: dort, wo der Gegenstand an den Beauftragten übergeben wird.

Auf welches Prinzip würde dieser Normaltatbestand der Beförderung oder Versendung abstellen?

Auf das Ursprungslandprinzip.

Bei der Beförderung oderVersendung von Waren aus einem Mitgliedstaat in einen anderen würde also die Umsatzsteuer im Ursprungsland erhoben.

3.2 Ort der Lieferung bei Versandgeschäften im Binnenmarkt

Nach § 3c UStG wird der Ort der Lieferung an das **Ende** der Beförderung oder Versendung verlegt, wenn

- der Lieferer Gegenstände in einen anderen Mitgliedstaat befördert oder versendet und
- der Abnehmer einen innergemeinschaftlichen Erwerb nicht zu versteuern hat.

Auf welches Prinzip stellt dieser Tatbestand der Beförderung oder Versendung ab?

Auf das Bestimmungslandprinzip.

3.3 Besonderheiten beim innergemeinschaftlichen Versandhandel

§ 3c UStG

Grundtatbestand des innergemeinschaftlichen Versandhandels

a) Beförderung oder Versendung eines Gegenstands

- bei einer Lieferung
- durch den Lieferer oder einen von ihm beauftragten Dritten
  - aus dem Gebiet eines Mitgliedstaates in das Gebiet eines anderen Mitgliedstaates oder
  - aus dem übrigen Gemeinschaftsgebiet in ein Zollfreigebiet.

b) Abnehmer ist

- Privatperson oder
- anderer Abnehmer, der einen innergemeinschaftlichen Erwerb nicht zu versteuern hat.

c) Lieferungen des Unternehmers in den Mitgliedstaat des Abnehmers überschreiten die für diesen Mitgliedstaat maßgebende Lieferschwelle

- im vorangegangenen Kalenderjahr oder/und
- voraussichtlich im laufenden Kalenderjahr.

Folge: Die Lieferung gilt dort als ausgeführt, wo die Beförderung oder Versendung endet.

Die **Lieferschwelle** betrifft das Land, in dem die Beförderung oder Versendung endet (§ 3c Abs. 3 UStG). Grundsätzlich ist das der Betrag von umgerechnet 200 000 DM (Art. 28b Teil B Abs. 2 der 6. Richtlinie). Unter bestimmten Voraussetzungen läßt es die 6. Richtlinie zu, die Lieferschwelle auf umgerechnet 70 000 DM abzusenken[4].

Die Lieferschwelle für Deutschland beträgt 200 000 DM (§ 3c Abs. 3 Nr. 1 UStG).

Beispiel 19

Unternehmer NL in Amsterdam versendet an die Privatperson DE in Deutschland ein Rennrad zum Nettopreis von 1000 Gulden. Im Vorjahr hatte NL Waren im Wert von mehr als 200000 DM nach Deutschland geliefert.

Umrechnungskurs: 100 Gulden = 90,10 DM

1000 Gulden : 100 Gulden x 90,10 DM = 901 DM

Nettowert	901,00 DM
15 % Umsatzsteuer	135,15 DM

Da NL die Lieferschwelle in Deutschland überschritten hat, ist Ort der Lieferung in Deutschland. NL muß daher die Umsatzsteuer in Höhe von 135,15 DM in Deutschland zahlen.

4 BT-Drucks. 12/2463 S. 28.

Beispiel 20
Unternehmer IE in Irland versendet an den Kleinunternehmer DE in Deutschland einen Posten Pullover zum Nettowert von 3000 Ir £. Kurs: 1 Ir £ = 2,75 DM.

Der Warenwert in DM beträgt: 3000 x 2,75 DM = 8250 DM
Der Umsatzsteuer-Satz in Irland beträgt 21%.

Angenommen, IE hat die Lieferschwelle für Deutschland im Vorjahr nicht überschritten und wird sie voraussichtlich auch im laufenden Jahr nicht überschreiten. Mit welchem USt-Satz muß IE die Lieferung versteuern?

Es gilt hier nicht das Bestimmungslandprinzip nach § 3c UStG, sondern es verbleibt beim Ursprungslandprinzip. Die Lieferung ist also in Irland mit 21% zu versteuern.

IE wird die Umsatzsteuer dem DE in Rechnung stellen. Im Normalfall wird die Umsatzsteuer für Lieferungen des DE nicht erhoben, weil er Kleinunternehmer ist (§ 19 UStG). DE kann daher die ihm in Rechnung gestellte Umsatzsteuer nicht als Vorsteuer abziehen (§ 15 Abs. 2 Nr. 1 UStG).

Was ist daher für den Kleinunternehmer DE günstiger, wenn IE seine an DE ausgeführte Lieferung in Irland oder wenn er sie in Deutschland besteuert?

Besteuert IE die Lieferung in Irland, unterliegt sie dem Steuersatz von 21 %. Besteuert er sie in Deutschland, unterliegt sie dem Steuersatz von 15 %. Im zweiten Fall ist daher der Einstandspreis für DE niedriger. Er kann also seinen Verkaufspreis niedriger kalkulieren und ist somit konkurrenzfähiger, als wenn die irische Umsatzsteuer auf der Ware lastet. Es ist deshalb für DE günstiger, wenn IE die Lieferung an ihn in Deutschland versteuert.

Wir haben in Abschnitt 2.1.2 gesehen, daß bei Kleinunternehmern die Erwerbsteuerpflicht vom Überschreiten der Erwerbsschwelle und bei Nichtüberschreiten der Erwerbsschwelle von der **Option** abhängt. Die verschiedenen Möglichkeiten lernen wir noch in Abschnitt 4.4 kennen. Hier wollen wir davon ausgehen, daß der Kleinunternehmer nicht die Erwerbsschwelle überschritten hat und auch nicht optiert.

3.4 Option des Lieferers

Der Lieferer hat für den Fall, daß er die Lieferschwelle nicht überschritten hat, die Möglichkeit zu optieren. Option bedeutet: Der Lieferer verzichtet auf die „Unterschwelligkeit" seiner Lieferungen. Wenn er optiert, werden daher seine Lieferungen nach dem Bestimmungslandprinzip besteuert. Die Option **bindet** für mindestens **2 Kalenderjahre** (§ 3c Abs. 4 UStG).

Durch die Option ist daher der liefernde Unternehmer, der die Lieferschwelle nicht überschreitet, in der Lage, seine nach Deutschland beförderten oder versendeten Waren mit dem für Deutschland geltenden Umsatzsteuersatz zu versteuern. Ist der Umsatzsteuersatz im Ursprungsland höher als im Bestimmungsland, lastet dann auf der Ware der niedrigere Steuerbetrag des Bestimmungslandes.

Unter welchen Voraussetzungen empfiehlt sich daher für den Lieferer, der bei innergemeinschaftlichen Beförderungen oder Versendungen die Lieferschwelle nicht überschritten hat, eine Option?

Die Option ist zu **empfehlen**, wenn

- der Abnehmer eine Privatperson oder ein anderer Abnehmer ist, der einen innergemeinschaftlichen Erwerb nicht zu versteuern hat und
- der Umsatzsteuer-Satz im Mitgliedstaat des Lieferers höher als im Mitgliedstaat des Abnehmers ist.

4 Warenlieferungen an nicht vorsteuerabzugsberechtigte Unternehmer

4.1 Bestimmungslandprinzip

Wir haben in Abschnitt 2.1 gesehen: Der innergemeinschaftliche Erwerb im Inland gegen Entgelt durch **vorsteuerabzugsberechtigte Unternehmer** unterliegt der Umsatzsteuer. Auf der anderen Seite ist die innergemeinschaftliche Lieferung steuerfrei. So wird erreicht, daß nach dem Bestimmungslandprinzip die Umsatzsteuer im Bestimmungsland erhoben wird.

Auch bei Lieferungen an **nicht zum Vorsteuerabzug berechtigte Unternehmer** in einem EG-Mitgliedstaat soll es grundsätzlich beim Bestimmungslandprinzip bleiben, die Besteuerung also in jedem Fall im Bestimmungsland erfolgen, und zwar entweder

- durch den Erwerber oder
- durch den Liefernden.

4.2 Nicht zum Vorsteuerabzug berechtigte Unternehmer

§ 1a Abs. 3 und 4 UStG

Kein innergemeinschaftlicher Erwerb

- **Erwerber** ist
  - Unternehmer,
    a) der nur steuerfreie zum Ausschluß vom Vorsteuerabzug führende Umsätze ausführt (steuerbefreiter Unternehmer)
    b) oder für dessen Umsätze Umsatzsteuer nach § 19 Abs. 1 nicht erhoben wird (Kleinunternehmer)
    c) oder der den Gegenstand zur Ausführung von Umsätzen verwendet, für die die Steuer nach den Durchschnittssätzen des § 24 festgesetzt ist (Land- und Forstwirt)

oder

- juristische Person,
  a) die nicht Unternehmer ist
  b) oder die zwar Unternehmer ist, aber den Gegenstand nicht für ihr Unternehmen erwirbt

und

- **Erwerbsschwelle** von 25000 DM für Erwerbe aus anderen Mitgliedstaaten wurde im vorangegangenen Kalenderjahr nicht überstiegen und wird voraussichtlich im laufenden Kalenderjahr nicht übersteigen

und

- **Erwerber hat nicht optiert** für Erwerbsbesteuerung

und

- bei den erworbenen **Waren** handelt es sich nicht um
  - neue Fahrzeuge oder
  - verbrauchsteuerpflichtige Waren (Mineralöle, Alkohol, alkoholische Getränke, Tabakwaren).

In Abschnitt 2.1.2 haben wir gesehen: Die vorstehend aufgeführten Erwerber sind erwerbsteuerpflichtig, wenn sie die Erwerbsschwelle überschritten oder zwar die Erwerbsschwelle unterschritten, aber optiert haben. Es kommt also bei diesen Erwerbern auf die Erwerbsschwelle an. Wir wollen sie daher kurz „Schwellen-Erwerber“ nennen.

Praxishinweis

▶ Schwellen-Erwerber sind erwerbsteuerpflichtig, wenn sie

- die Erwerbsschwelle überschreiten oder
- die Erwerbsschwelle zwar nicht überschreiten aber optieren.

▶ Liegen diese Voraussetzungen nicht vor, kommt eine Versteuerung nach der Versandhandelsregelung (Abschnitt 3) in Frage.

Beispiel 21

Unternehmer U aus einem anderen EG-Mitgliedstaat liefert an den Kleinunternehmer K in Deutschland einen Warenposten. K verkauft Waren aus diesem Posten an mehrere Unternehmer. Die Erwerbsschwelle ist nicht überschritten. K hat nicht optiert. U erteilt K eine Rechnung:

Waren	*4500 DM*
Mehrwertsteuer	*675 DM*
	5175 DM

Für K handelt es sich nicht um einen steuerbaren innergemeinschaftlichen Erwerb und für U nicht um eine steuerfreie innergemeinschaftliche Lieferung.

K ist Kleinunternehmer. Für ihn findet die Vorschrift über den Vorsteuerabzug (§ 15 UStG) keine Anwendung (§ 19 Abs. 1 UStG).

U schuldet die von ihm in Rechnung gestellte Umsatzsteuer. Da er sie dem K berechnet hat, ist er hierdurch nicht belastet. K kann sie nicht als Vorsteuer abziehen. Sie ist Teil der **Anschaffungskosten** der Waren (§ 9b EStG) und bildet deshalb mit die Grundlage für die Kalkulation der Verkaufspreise. K wird daher versuchen, die ihm in Rechnung gestellte Umsatzsteuer an seine Kunden weiterzuberechnen. Da von ihm keine Umsatzsteuer erhoben wird (§ 19 Abs. 1 Satz 1 UStG), stellt er seinen Kunden keine weitere Umsatzsteuer in Rechnung. Letztlich tragen also die Kunden des K die Umsatzsteuer für die Lieferungen an K.

4.3 Verbrauchsteuerpflichtige Waren und neue Fahrzeuge

Bei nicht vorsteuerabzugsberechtigten Unternehmern ist, wenn eine bestimmte Erwerbsschwelle nicht überschritten wird, der Erwerb nicht als innergemeinschaftlicher Erwerb steuerpflichtig (§ 1a Abs. 3 UStG).

Das gilt aber nicht für den **Erwerb neuer Fahrzeuge** und **verbrauchsteuerpflichtiger** Waren (§ 1a Abs. 5 UStG). Die nicht vorsteuerabzugsberechtigten Unternehmer versteuern daher den Erwerb von neuen Fahrzeugen und verbrauchsteuerpflichtigen Waren als innergemeinschaftlichen Erwerb. Auf der anderen Seite ist die Lieferung von neuen Fahrzeugen und verbrauchsteuerpflichtigen Waren an nicht vorsteuerabzugsberechtigte Unternehmer eine innergemeinschaftliche Lieferung (§ 6a UStG) und damit steuerfrei (§ 4 Nr. 1 b UStG).

Ergebnis

Bei der Lieferung von neuen Fahrzeugen und verbrauchsteuerpflichtigen Waren an nicht vorsteuerabzugsberechtigte Unternehmer aus dem Gebiet eines Mitgliedstaates in das Gebiet eines anderen Mitgliedstaates handelt es sich

- auf der Seite des Erwerbers um einen steuerpflichtigen innergemeinschaftlichen Erwerb und
- auf der Seite des Lieferers um eine steuerfreie innergemeinschaftliche Lieferung.

Beispiel 22

Unternehmer FR in Frankreich versendet an den Kleinunternehmer DE in Deutschland eine Partie französischen Wein.

Nettowarenwert	*12 000 FF*
USt-Satz in Frankreich	*18,6 %*

100 FF = 30,70 DM
FR hat nicht die Lieferschwelle und DE nicht die Erwerbsschwelle überschritten.
DE verkauft den Wein an verschiedene Kunden für insgesamt 5000 DM netto.

a) FR optiert nicht, DE optiert nicht

b) FR optiert, DE optiert nicht

c) FR optiert nicht, DE optiert

d) FR optiert, DE optiert

12000 : 100 x 30,70 DM =	3684,00 DM
18,6 % x 3684,00 DM =	685,22 DM
15 % x 3684,00 DM =	552,60 DM

Ob FR und DE optieren oder nicht optieren, spielt keine Rolle. Da es sich um verbrauchsteuerpflichtige Waren handelt, liegt auf jeden Fall ein innergemeinschaftlicher Erwerb vor mit der Folge, daß DE nach dem deutschen Umsatzsteuersatz von 15% zu versteuern hat. Die Steuer für den innergemeinschaftlichen Erwerb für sein Unternehmen ist für DE Vorsteuer (§ 15 Abs. 1 Nr. 3 UStG).

Die Vorschriften über den Vorsteuerabzug finden aber auf DE keine Anwendung, solange § 19 Abs. 1 Satz 1 UStG auf ihn anwendbar bleibt (§ 19 Abs. 1 Satz 4 UStG). Das bedeutet: DE muß die Erwerbsteuer bezahlen und kann sie nicht als Vorsteuer abziehen.

DE kann aber auf die Anwendung von § 19 Abs. 1 UStG verzichten (§ 19 Abs. 2 UStG). Das hat zur Folge, daß DE die Steuer für den innergemeinschaftlichen Erwerb als Vorsteuer abziehen kann und seine Umsätze versteuern muß.

Was ist für DE günstiger, wenn er

a) nach § 19 Abs. 2 UStG optiert und damit auf die Steuerfreiheit verzichtet oder

b) nicht nach § 19 Abs. 2 UStG optiert und es damit bei der Steuerfreiheit für seine Umsätze bleibt?

Zu a)

Durch den Verzicht auf die Steuerbefreiung seiner Umsätze erreicht DE, daß der Vorsteuerabzug nicht ausgeschlossen ist. DE kann die Umsatzsteuer für den innergemeinschaftlichen Erwerb als Vorsteuer abziehen (§ 15 Abs. 1 Nr. 3 UStG).

Einkauf netto	3684,00 DM
USt = Vorsteuer	552,60 DM
	4236,60 DM
Verkauf netto	5000,00 DM
USt	750,00 DM
	5750,00 DM

Buchungen

Einkauf:

Wareneinkauf	3684,00 DM
an Verbindlichkeiten aus Lieferungen	3684,00 DM
Vorsteuer	552,60 DM
an Umsatzsteuer	552,60 DM

Verkauf:

Forderungen aus Lieferungen	5750,00 DM
an Umsatzsteuer	750,00 DM
an Erlöse	5000,00 DM

Rohgewinn:	
Erlöse	5000,00 DM
Wareneinkauf	3684,00 DM
Rohgewinn	1316,00 DM

Zu b)

Wenn D nicht auf die Steuerbefreiung verzichtet, kann er die Umsatzsteuer für den innergemeinschaftlichen Erwerb nicht als Vorsteuer abziehen (§ 15 Abs. 2 Nr. 1 UStG). Seine Anschaffungskosten betragen daher 4236,60 DM.

Rohgewinn:	
Erlöse	5000,00 DM
Wareneinkauf	4236,60 DM
Rohgewinn	763,40 DM

Ob a) oder b) für DE vorteilhaft oder nachteilig ist, läßt sich erst beurteilen, wenn feststeht, ob DE den Wein an Endverbraucher oder vorsteuerabzugsberechtigte Unternehmer verkauft.

Verkauft DE den Wein an **vorsteuerabzugsberechtigte Unternehmer**, lauten die Rechnungen:

Fall a:

Waren	5000,00 DM
USt	755,00 DM
Rechnungspreis	5755,00 DM

DE führt die Umsatzsteuer an das Finanzamt ab, ist durch sie aber nicht belastet, da er sie seinen Abnehmern in Rechnung gestellt hat. Diese sind hierdurch aber ebenfalls nicht belastet, weil sie die Umsatzsteuer als Vorsteuer abziehen können.

Fall b:

Waren	5000,00 DM

DE stellt keine Umsatzsteuer in Rechnung und führt auch keine Umsatzsteuer an das Finanzamt ab. Er hat gegenüber Fall a) hinsichtlich der Umsatzsteuer keinen Vorteil. Seine Abnehmer müssen keinen um die Umsatzsteuer höheren Kaufpreis zahlen und können auch keine Vorsteuer abziehen. Der Einstandspreis ist wie im Fall a 5000 DM.

DE kann an seine Abnehmer weder im Fall a) noch im Fall b) günstiger verkaufen. Der Rohgewinn ist aber im Fall a) wesentlich höher als im Fall b). Verkauft also der Kleinunternehmer an vorsteuerabzugsberechtigte Unternehmer, ist es für ihn günstiger, auf die Umsatzsteuerbefreiung nach § 19 Abs. 2 UStG zu verzichten.

Verkauft DE den Wein an **Endverbraucher**, können diese keine Vorsteuer abziehen. Sie sind also endgültig mit der Umsatzsteuer belastet.

Verkauft DE den Wein an Endverbraucher und verzichtet er auf die Umsatzsteuerbefreiung nach § 19 Abs. 2 UStG, belastet er die Endverbraucher mit der Umsatzsteuer. Der Verkaufspreis beträgt also im vorstehenden Fall 5750 DM. Die Umsatzsteuer muß DE an das Finanzamt abführen. Sein Rohgewinn beträgt also:

Bruttoverkaufspreis	5750,00 DM
abzüglich an das Finanzamt abzuführende USt	750,00 DM
	5000,00 DM
abzüglich Anschaffungskosten	3684,00 DM
Rohgewinn	1316,00 DM

Verkauft DE den Wein an Endverbraucher und verzichtet er nicht nach § 19 Abs. 2 auf die Anwendung des § 19 Abs. 1 UStG, sind die Endverbraucher nicht durch die Umsatzsteuer belastet. DE kann aber mit dem gleichen Verkaufspreis wie bei der vorstehenden Alternative kalkulieren. Das wird er tun, wenn andere Weinhändler, die vorsteuerabzugsberechtigt sind, ihre Verkaufspreise an Endverbraucher ebenso kalkulieren. Dann beträgt sein Rohgewinn:

Verkaufspreis	5750,00 DM
abzüglich Anschaffungskosten	4236,60 DM
Rohgewinn	1513,40 DM

Verkauft also der Kleinunternehmer nicht an vorsteuerabzugsberechtigte Unternehmer, sondern an Endverbraucher, ist es für ihn günstiger, nicht nach § 19 Abs. 2 UStG auf die Anwendung von § 19 Abs. 1 UStG zu verzichten.

4.4 Andere Waren

Werden andere Waren an nicht vorsteuerabzugsberechtigte Unternehmer geliefert, kommt es darauf an, ob der Gesamtwert der vom Erwerber aus anderen Mitgliedstaaten erworbenen Waren im vorangegangenen Kalenderjahr den Betrag von 25 000 DM nicht überstiegen hat und im laufenden Kalenderjahr voraussichtlich nicht übersteigen wird (§ 1a Abs. 3 UStG).

In diesem Fall tritt an die Stelle der Erwerbsbesteuerung die Besteuerung des Lieferers im Ursprungs- oder im Bestimmungsland nach Maßgabe der sog. Versandhandelsregelung des § 3c UStG (s. Abschnitt 3). Der Betrag von 25 000 DM ist der Gesamtbetrag der Erwerbe aus allen Mitgliedstaaten[5].

Wird diese **Erwerbsschwelle**

- **überschritten**, d. h. der Gesamtwert der vom Erwerber aus anderen Mitgliedstaaten erworbenen Waren ist im vorangegangenen Kalenderjahr oder voraussichtlich im laufenden Kalenderjahr höher als

5 BT-Drucks. 12/2463 S. 25.

25 000 DM, handelt es sich für den Erwerber um einen steuerpflichtigen innergemeinschaftlichen Erwerb und für den Lieferer um eine steuerfreie innergemeinschaftliche Lieferung (Normalregelung nach Abschnitt 2);

- **unterschritten**, d. h. der Gesamtwert der vom Erwerber aus anderen Mitgliedstaaten erworbenen Waren ist im vorangegangenen Kalenderjahr und voraussichtlich im laufenden Kalenderjahr nicht höher als 25000 DM, liegt weder für den Erwerber ein innergemeinschaftlicher Erwerb noch für den Lieferer eine innergemeinschaftliche Lieferung vor.
  Der Erwerber kann aber zur Nichtbeachtung der Erwerbsschwelle **optieren**. Das hat zur Folge, daß er den Erwerb als innergemeinschaftlichen Erwerb besteuert und die Lieferung an ihn als innergemeinschaftliche Lieferung steuerfrei ist (Normalregelung gemäß Abschnitt 2).

Ist die **Erwerbsschwelle unterschritten und hat der Erwerber auch nicht optiert**, bleibt es bei der Grundregel. Der Lieferer hat die Lieferung zu versteuern.

Wird bei einer Lieferung der Gegenstand **versendet oder befördert**, ist zu prüfen, ob der Lieferer im Bestimmungsland versteuern muß, weil es sich um innergemeinschaftlichen Versandhandel handelt (Abschnitt 3) oder ob der Lieferer nach der Normalregelung im Ursprungsland besteuern muß. Das hängt davon ab, ob er die Lieferschwelle überschritten hat.

Hat der Lieferer die **Lieferschwelle**

- **überschritten**, d. h. der Gesamtbetrag der Entgelte der Lieferungen des Lieferers in den betreffenden Mitgliedstaat übersteigt im vorangegangenen oder voraussichtlich im laufenden Kalenderjahr die für den Mitgliedstaat maßgebende Lieferschwelle, versteuert der Lieferer den Umsatz im Bestimmungsland (§ 3c UStG: innergemeinschaftlicher Versandhandel nach Abschnitt 3);
- **unterschritten**, d. h. der Gesamtbetrag der Entgelte der Lieferungen des Lieferers in den betreffenden Mitgliedstaat übersteigt weder im vorangegangenen Kalenderjahr noch voraussichtlich im laufenden Kalenderjahr die für den Mitgliedstaat maßgebende Liefer-

schwelle, so versteuert der Lieferer den Umsatz im Ursprungsland (Normalregelung).
Der Lieferer kann aber zur Nichtbeachtung der Lieferschwelle **optieren**. Das hat zur Folge, daß er die Lieferung als innergemeinschaftlichen Versandhandel und damit den Umsatz im Bestimmungsland versteuert (§ 3c Abs. 4 UStG: innergemeinschaftlicher Versandhandel nach Abschnitt 3).

Gehen wir von dem Fall aus, der für Unternehmer am interessantesten ist: Der Erwerber ist **Kleinunternehmer**.

Beispiel 26

Der dänische Unternehmer DK versendet an den deutschen Kleinunternehmer DE einen Posten Damenpullover. Nettowarenwert 20 000 dkr
100 dkr = 26,80 DM

20 000 : 100 x 26,80 DM =	*5360 DM*
25 % USt =	*1340 DM*
15 % USt =	*804 DM*

Der Gesamtbetrag der Warenbezüge des DE aus anderen Mitgliedstaaten ist weder im Vorjahr noch voraussichtlich im laufenden Jahr höher als 25 000 DM. Für den Erwerber DE ist also die Erwerbsschwelle nicht überschritten.

Der Gesamtbetrag der Lieferungen des DK nach Deutschland ist weder im Vorjahr noch voraussichtlich im laufenden Jahr höher als 200 000 DM. Für den Lieferer DK ist also die Lieferschwelle nicht überschritten.

DE verkauft die Pullover an verschiedene Abnehmer zum Nettoverkaufspreis von 8040 DM.

1 Der Kleinunternehmer liefert vorwiegend an vorsteuerabzugsberechtigte Unternehmer

Ist der Erwerber Kleinunternehmer, wird dieser sich die Frage stellen, ob er auf die Nichterhebung der Steuer und damit auf die Anwendung von § 19 Abs. 1 UStG verzichtet(§ 19 Abs. 2 UStG). Sind seine Kunden überwiegend vorsteuerabzugsberechtigte Unternehmer, werden sie Wert auf Rechnungen mit Vorsteuerausweis legen. Dann wird der Kleinunternehmer auf die Anwendung des Absatzes 1 von § 19 UStG verzichten. Das hat zur Folge, daß seine Erwerbe von Unternehmern aus EG-Mitgliedstaaten innergemeinschaftliche Erwerbe (§ 1a Abs. 3 Nr. 1 b UStG) und die Lieferungen an ihn steuerfreie innergemeinschaftliche Lieferungen (§ 6a UStG) sind. In diesem Fall gilt die allgemeine Regelung nach den Ausführungen in Abschnitt 2.

a) Im vorstehenden Fall ist die Lieferung an DE als innergemeinschaftliche Lieferung (§ 6a UStG) steuerfrei (§ 4 Nr. 1 b UStG).
b) Der Erwerb durch DE ist als innergemeinschaftlicher Erwerb (§ 1a UStG) steuerbar (§ 1 Abs. 1 Nr. 4 UStG).
c) Die Steuer für den innergemeinschaftlichen Erwerb kann DE als Vorsteuer abziehen (§ 15 Abs. 1 Nr. 3 UStG). Da DE optiert hat (§ 19 Abs. 2 UStG), ist der Vorsteuerabzug nicht gemäß § 19 Abs. 1 Satz 4 UStG ausgeschlossen.
d) DE stellt seinen Abnehmern die für seine Umsätze anfallende Umsatzsteuer in Rechnung und führt sie an das Finanzamt ab. Seine Abnehmer können die ihnen in Rechnung gestellte Umsatzsteuer als Vorsteuer abziehen.

DE **bucht:**

1) Wareneinkauf	5360 DM
an Verbindlichkeiten aus Lieferungen	5360 DM
2) Vorsteuer	804 DM
an Umsatzsteuer	804 DM
3) Forderungen aus Lieferungen	9246 DM
an Umsatzsteuer	1206 DM
an Erlöse	8040 DM

Rohgewinn:

Erlöse	8040 DM
Wareneinkauf	5360 DM
Rohgewinn	2680 DM

2 Der Kleinunternehmer liefert vorwiegend an Endverbraucher

Sind die Abnehmer keine vorsteuerabzugsberechtigten Unternehmer, vorzugsweise also Endverbraucher, wird der Kleinunternehmer nicht nach § 19 Abs. 2 UStG optieren. Erst dann stellt sich beim Kleinunternehmer als Erwerber das Problem der Erwerbsschwelle und beim Lieferer das Problem der Lieferschwelle.

Im vorstehenden Fall ist weder die Erwerbsschwelle noch die Lieferschwelle überschritten.

a) Option zur Nichtbeachtung der Erwerbsschwelle

Optiert DE zur Nichtbeachtung der Erwerbsschwelle, handelt es sich für ihn um einen innergemeinschaftlichen Erwerb und für DK um eine innergemeinschaftliche Lieferung. DE zahlt die 804 DM USt an das deutsche Finanzamt und kann diesen Betrag als Vorsteuer abziehen (§ 15 Abs. 1 Nr. 3 UStG).

Buchungen:

1) Wareneinkauf	5360 DM
an Verbindlichkeiten aus Lieferungen	5360 DM
2) Vorsteuer	804 DM
an Umsatzsteuer	804 DM

Für DE als Kleinunternehmer ist der Vorsteuerabzug ausgeschlossen (§ 19 Abs. 1 Satz 4 UStG).

Buchung:

3 Wareneinkauf	804 DM
an Vorsteuer	804 DM

Die Anschaffungskosten erhöhen sich also um 804 DM auf 6164 DM (5360 DM + 804 DM). Der Verkauf erfolgt umsatzsteuerfrei, also zum Nettoverkaufspreis.

Rohgewinn:

Verkaufspreis	8040 DM
abzüglich Anschaffungskosten	6164 DM
Rohgewinn	1876 DM

c) Keine Option zur Nichtbeachtung der Erwerbsschwelle

Optiert DE nicht zur Nichtbeachtung der Erwerbsschwelle, bleibt der Lieferer DK für seine Lieferung an DE umsatzsteuerpflichtig. Handelt es sich um eine Versendung oder Beförderung der Waren an DE, muß DK

(1) dänische Umsatzsteuer (25 %) zahlen, wenn er nicht zur Nichtbeachtung der Lieferschwelle optiert,
(2) deutsche Umsatzsteuer (15 %) zahlen, wenn er zur Nichtbeachtung der Lieferschwelle optiert.

DK stellt DE die Umsatzsteuer in Rechnung.

Im Fall (1) lautet seine Rechnung an DE:

Pullover	5360 DM
USt (25 %)	1340 DM
Rechnungspreis	6700 DM

Im Fall (2) lautet seine Rechnung an DE:

Pullover	5360 DM
USt (15 %)	804 DM
Rechnungspreis	6164 DM

In beiden Fällen ist DK durch die Umsatzsteuer nicht belastet. Er führt sie an das dänische oder deutsche Finanzamt ab und stellt sie dem Abnehmer in Rechnung.

Da DE Kleinunternehmer ist, kann er die ihm in Rechnung gestellte Umsatzsteuer nicht als Vorsteuer abziehen (§ 19 Abs. 1 Satz 4 UStG). Es erhöhen sich seine Anschaffungskosten um die ihm in Rechnung gestellte Umsatzsteuer (§ 9b EStG).

Daher ist es für ihn günstiger, die Anlieferung ist mit der niedrigeren deutschen Umsatzsteuer und nicht mit der höheren dänischen Umsatzsteuer belastet, indem DK zur Nichtbeachtung der Lieferschwelle optiert (Fall 2).

Rohgewinn:

Erlöse	8040 DM
Anschaffungskosten (USt 15 %)	6164 DM
Rohgewinn	1876 DM

Optiert DK nicht zur Nichtbeachtung der Lieferschwelle, besteuert er die Lieferung an DE mit der höheren dänischen Umsatzsteuer (25 %) und stellt sie DE in Rechnung.

Rohgewinn:

Erlöse	8040 DM
Anschaffungskosten (USt 25 %)	6700 DM
Rohgewinn	1340 DM

Wie kann es hier DE erreichen, daß er einen höheren Rohgewinn erhält, obwohl DK nicht zur Nichtbeachtung der Lieferschwelle optiert?

DE optiert seinerseits zur Nichtbeachtung der Erwerbsschwelle. Dann wird der Umsatz DK/DE für DK als innergemeinschaftliche Lieferung und für DE als innergemeinschaftlicher Erwerb behandelt mit der Folge, daß seine Anschaffungskosten betragen:

Kaufpreis	5360 DM
USt für den innergemeinschaftlichen Erwerb	804 DM
Anschaffungskosten	6164 DM

Der Rohgewinn beträgt dann

Erlöse	8040 DM
Anschaffungskosten	6164 DM
Rohgewinn	1876 DM

Der Kleinunternehmer hat also als Erwerber folgende Möglichkeiten:

1. Er optiert nach § 19 Abs. 2 UStG. Folge: Er wird für alle Umsätze Vollunternehmer.
2. Er liegt **über** der Erwerbsschwelle.
   Folge: a) Innergemeinschaftliche Erwerbe fallen unter die Erwerbsbesteuerung.
   b) Die Erwerbsteuer ist nicht als Vorsteuer abziehbar.

3. Er liegt **unter** der Erwerbsschwelle.
   Folge: a) Keine Erwerbsteuer.
   b) Der Lieferer muß versteuern.
4. Wie 3.
   Option zur Nichtbeachtung der Erwerbsschwelle.
   Folge: Wie 2.
5. Wie 3.
   Keine Option zur Nichtbeachtung der Erwerbsschwelle und Lieferer liegt über der Lieferschwelle.
   Folge: Lieferer versteuert im Bestimmungsland.
6. Wie 3.
   Keine Option zur Nichtbeachtung der Erwerbsschwelle und Lieferer liegt unter der Lieferschwelle.
   Folge: Lieferer versteuert im Ursprungsland.
7. Wie 6.
   Lieferer optiert zur Nichtbeachtung der Lieferschwelle.
   Folge: Lieferer versteuert im Bestimmungsland.

5 Neue Fahrzeuge

Beispiel 23

Privatmann DE in Aachen kauft von dem Privatmann FR in Straßburg am 15.2.1993 einen Citroën XM, den dieser am 1.7.1992 erstmals in Betrieb genommen hat, den er aber erst 2500 km gefahren hat.

§ 1b UStG

Innergemeinschaftlicher Erwerb neuer Fahrzeuge

1. Erwerb
2. eines Fahrzeugs
   - motorbetriebenes Landfahrzeugs mit Hubraum von mehr als 48 cm^3 oder einer Leistung von mehr als 7,3 KW,
   - Wasserfahrzeug mit einer Länge von mehr als 7,5 m,
   - Luftfahrzeug, dessen Starthöchstmasse mehr als 1550 kg beträgt,
3. dessen erste Inbetriebnahme im Zeitpunkt des Erwerbs nicht mehr als 3 Monate zurückliegt

   oder

   - als Landfahrzeug nicht mehr als 3000 km zurückgelegt hat,
   - als Wasserfahrzeug nicht mehr als 100 Betriebsstunden auf dem Wasser zurückgelegt hat,
   - als Luftfahrzeug nicht länger als 40 Betriebsstunden genutzt worden ist,
4. durch einen Erwerber, der
   - nicht Unternehmer ist oder
   - zwar Unternehmer ist, das Fahrzeug aber nicht für sein Unternehmen erwirbt,
5. bei einer Lieferung aus dem Gebiet eines Mitgliedstaates in das Gebiet eines anderen Mitgliedstaates oder aus dem übrigen Gemeinschaftsgebiet in ein Zollfreigebiet.

Es handelt sich um einen **Sonderfall** des innergemeinschaftlichen Erwerbs. Daher muß die allgemeine Voraussetzung erfüllt sein, daß der Erwerb **im Inland gegen Entgelt** (§ 1 Abs. 1 Nr. 5 UStG) erfolgt.

DE hat ein motorgetriebenes Landfahrzeug mit Hubraum von mehr als 48 cm^3, das nicht mehr als 3000 km zurückgelegt hat, bei einer Lieferung aus dem Gebiet eines Mitgliedstaates in das Gebiet eines anderen Mitgliedstaates erworben. DE ist weder Unternehmer noch hat er als Unternehmer das Fahrzeug für sein Unternehmen erworben. Sein Erwerb erfüllt daher die Voraussetzungen für einen innergemeinschaftlichen Erwerb eines neuen Fahrzeugs. Die Lieferung des FR ist auf der anderen Seite als innergemeinschaftliche Lieferung gem. § 6a UStG steuerfrei.

DE ist Privatperson. Er gibt weder Umsatzsteuer-Voranmeldungen noch Umsatzsteuer-Jahreserklärungen ab. Daher hat er den einzelnen Fahrzeugerwerb zu versteuern. Dieser Vorgang heißt **Fahrzeugeinzelbesteuerung** (§ 16 Abs. 5a UStG).

Im vorstehenden Fall wird der Erwerb des neuen Fahrzeugs im Bestimmungsland besteuert. Was muß erfolgen, wenn eine Doppelbelastung mit Umsatzsteuer vermieden werden soll?

Die Lieferung im Ursprungsland muß steuerfrei sein.

Beispiel 24

DE ist leitender Beamter im Finanzministerium in Düsseldorf. Im Januar 1993 kauft er einen neuen Pkw für 40 000 DM zuzüglich 15 % USt (6000 DM). Im März 1993 verkauft er den Pkw nach einer Fahrleistung von 3500 km an seinen französischen Kollegen FR im Finanzministerium von Paris, der ihn in Düsseldorf besucht, für 35 000 DM.

§ 2a UStG

Lieferung von neuen Fahrzeugen durch

- Nichtunternehmer und
- Unternehmer im Privatbereich

Voraussetzungen:

1. Lieferung durch
   a) einen Nichtunternehmer oder
   b) einen Unternehmer außerhalb seines Unternehmens
2. im Inland
3. eines neuen Fahrzeugs,
4. das bei der Lieferung in das übrige Gemeinschaftsgebiet gelangt.

Folge: Der Lieferer wird für die Lieferung wie ein Unternehmer behandelt.

DE hat den Pkw zwar 3500 km und damit mehr als 3000 km seit der Inbetriebnahme gefahren. Beim Verkauf lag aber die Inbetriebnahme nicht länger als 3 Monate zurück. Der Pkw war daher neu. DE hat den Pkw im Inland geliefert, und der Pkw ist in das übrige Gemeinschaftsgebiet gelangt. Wäre DE Unternehmer, wäre seine Lieferung eine innergemeinschaftliche Lieferung (§ 6a UStG) und daher gemäß § 4 Nr. 1 Buchst. b UStG umsatzsteuerfrei. Die Lieferung des DE an FR ist daher eine umsatzsteuerfreie **innergemeinschaftliche Lieferung**.

Mit der Lieferung hängt der Erwerb des Pkw durch DE zusammen. Wäre DE Unternehmer, hätte er die ihm für die Anlieferung in Rechnung gestellte Umsatzsteuer als **Vorsteuer** abziehen können. Er kann aber nicht den vollen Betrag der ihm in Rechnung gestellten 6000 DM Umsatzsteuer als Vorsteuer abziehen, da der Verkaufspreis des Pkw unter seinem Einkaufspreis liegt. Abziehbar ist nur die auf die Lieferung des neuen Fahrzeugs entfallende Steuer (§ 15 Abs. 4a Nr. 1 UStG), also 15 % aus 35 000 DM = 4565 DM (15/115 x 35 000 DM).

Beispiel 25

Im Beispiel 24 verkauft DE den Pkw an FR für 48 000 DM einschließlich Umsatzsteuer.
In welcher Höhe kann er Vorsteuer abziehen?

Die Steuer kann nur bis zu dem Betrag abgezogen werden, der für die Lieferung des neuen Fahrzeugs geschuldet würde, wenn die Lieferung nicht steuerfrei wäre (§ 15 Abs. 4a Nr. 2 UStG). DE kann daher als Vorsteuer höchstens den auf den Ankauf des Pkw entfallenden Betrag abziehen, also 6000 DM.

Die Vorsteuer kann erst in dem Zeitpunkt abgezogen werden, in der der Fahrzeuglieferer die innergemeinschaftliche Lieferung des neuen Fahrzeugs ausführt (§ 15 Abs. 4a Nr. 3 UStG).

6 Sonstige Leistungen

6.1 Güterbeförderungen

§ 3b Abs. 3 UStG

Innergemeinschaftliche Beförderung von Gegenständen

- Beförderung eines Gegenstandes
- Beginn der Beförderung in einem Mitgliedstaat
- Ende der Beförderung in einem anderen Mitgliedstaat

Folge: Beförderung wird an dem Ort ausgeführt, an dem die Beförderung beginnt.

- Leistungsempfänger verwendet gegenüber dem Beförderungsunternehmer eine ihm von einem anderen Mitgliedstaat erteilte USt-IdNr.

Folge: Beförderungsleistung gilt in dem Gebiet des anderen Mitgliedstaates ausgeführt.

Beispiel 26

Der deutsche Spediteur DE befördert für den französischen Unternehmer FR Ware von Köln nach Lyon.

Beginn und Ende der Beförderung liegen in verschiedenen Mitgliedstaaten. Die Beförderung beginnt in Deutschland. Die Beförderungsleistung unterliegt der deutschen Umsatzsteuer.

Beispiel 27

Im vorstehenden Beispiel verwendet FR gegenüber DE eine französische USt-IdNr.

Da FR dem Beförderungsunternehmer gegenüber eine ihm von einem anderen Mitgliedstaat erteilte USt-IdNr. verwendet hat, gilt die Beförderungsleistung in dem Gebiet dieses anderen Mitgliedstaates, also in Frankreich, ausgeführt. Sie unterliegt daher der französischen Umsatzsteuer.

FR hat die Umsatzsteuer im Rahmen des **Abzugsverfahrens** von seiner Gegenleistung einzubehalten und an das für ihn zuständige französische Finanzamt abzuführen, wenn es in Frankreich eine dem § 51 UStDV entsprechende Vorschrift gibt. Sonst muß DE bei einem französischen Finanzamt eine USt-Voranmeldung abgeben.

Beispiel 28

DE in Bregenz verkauft Erzeugnisse an FR in Lyon. Den Transport führt T durch.

a) DE liefert frei Haus.
1) T ist in Deutschland ansässig.
2) T ist in Frankreich ansässig.

b) DE liefert ab Werk.
1) T ist in Deutschland ansässig.
2) T ist in Frankreich ansässig.

c) Bei dem Transport von Bregenz nach Lyon durchquert T die Schweiz.

In welchem Land ist die Güterbeförderung umsatzsteuerpflichtig?

Die Beförderung von Gegenständen beginnt und endet in zwei verschiedenen Mitgliedstaaten. Es handelt sich also um eine innergemeinschaftliche Beförderung von Gegenständen (§ 3b Abs. 3 UStG).

Zu a)

„Lieferung frei Haus" bedeutet, daß am Sitz des Empfängers geliefert wird und das zu Lasten des Lieferers geschieht. Hier beauftragt also DE den T. DE ist also Leistungsempfänger der Beförderungsleistung.

Die Beförderung wird am Ort ihres Beginns, also in Deutschland, ausgeführt. Der Leistungsempfänger DE ist dort ansässig. Die Güterbeförderung ist also in Deutschland umsatzsteuerpflichtig.

1) Die Beförderungsleistung hat T ausgeführt. Er ist also Steuerschuldner (§ 13 Abs. 2 Nr. 1 UStG).
2) T ist im Ausland ansässig. Der Leistungsempfänger DE hat die Steuer von der Gegenleistung einzubehalten und an das für ihn zuständige Finanzamt abzuführen (§ 51 Abs. 1 Nr. 1 UStDV).

Zu b)

„Lieferung ab Werk" bedeutet, daß DE am Sitz seines Werkes in Bregenz liefert und das zu Lasten des Empfängers geschieht. Hier beauftragt also FR den T. FR ist also Leistungsempfänger der Beförderungsleistung.

Beginn der Beförderung ist auch hier Deutschland. Hier verwendet aber der Leistungsempfänger FR gegenüber dem Beförderungsunternehmer T eine ihm von einem anderen Mitgliedstaat erteilte USt-IdNr. Die Beförderungsleistung gilt daher in dem Gebiet des anderen Mitgliedstaates, hier also in Frankreich, ausgeführt (§ 3b Abs. 3 Satz 2 UStG). Die Beförderungsleistung ist also in Frankreich umsatzsteuerpflichtig.

1) Wenn in Frankreich eine dem § 51 UStDV entsprechende Vorschrift gilt, hat FR die Umsatzsteuer für die Beförderungsleistung von der Gegenleistung einzubehalten und an das für ihn zuständige Finanzamt abzuführen. Sonst muß T bei einem französischen Finanzamt eine USt-Voranmeldung abgeben.
2) Die Transportleistung hat T durchgeführt und ist damit Unternehmer dieser Leistung. T ist daher Steuerschuldner (§ 13 Abs. 2 Nr. 1 UStG).

Zu c)

Auch wenn beim Transport auf einem Zwischenstück ein Drittland durchquert wird, beginnt und endet die Güterbeförderung in dem Gebiet von zwei verschiedenen Mitgliedstaaten. Es sind daher die Voraussetzungen von § 3b Abs. 3 UStG gegeben. An der zu a) und b) mitgeteilten Lösung ändert sich also nichts.

6.2 Vermittlungsleistungen

§ 3a Abs. 2 Nr. 4 UStG

Ort der Vermittlungsleistung

1. Vermittlungsleistungen mit Ausnahme der in § 3a Abs. 4 Nr. 10 und § 3b Abs. 5 und 6 UStG genannten
2. a) Der vermittelte Umsatz wird an einem bestimmten Ort ausgeführt.

   Folge: Die Vermittlungsleistung wird am Ort des vermittelten Umsatzes ausgeführt.

   b) Der Leistungsempfänger verwendet dem Vermittler gegenüber eine ihm von einem anderen Mitgliedstaat erteilte USt-IdNr.

   Folge: Die Vermittlungsleistung gilt als in dem anderen Mitgliedstaat ausgeführt.

Es darf sich nicht um Vermittlungsleistungen handeln, die unter Nr. 1 aufgeführt sind. Das sind Vermittlungen von

- Grundstücksgeschäften,
- innergemeinschaftlichen Beförderungen und der damit zusammenhängenden Leistungen,
- Einräumungen, Übertragungen und Wahrnehmungen von Patenten, Urheberrechten, Warenzeichenrechten und ähnlichen Rechten,
- Werbung und Öffentlichkeitsarbeit,
- Beratungsleistungen von Rechtsanwälten, Steuerberatern, Wirtschaftsprüfern, vereidigten Buchprüfern und ähnlichen rechtlichen oder wirtschaftlichen Beratungen,
- Ingenieurleistungen und ähnlichen technischen Beratungen,
- Leistungen aus der Tätigkeit als Dolmetscher oder Übersetzer,
- Datenverarbeitung,
- Informationsüberlassungen,
- Finanzumsätzen,
- Personalgestellungen,

- Verzichten auf Patente, Urheberrechte, Warenzeichenrechte usw.,
- Ausübungen gewerblicher oder beruflicher Tätigkeiten,
- Vermietungen beweglicher körperlicher Gegenstände mit Ausnahme von Beförderungsmitteln.

Bei den vorstehend genannten Vermittlungen ist Ort der Leistung dort, wo der Empfänger der Leistung ansässig ist (§ 3a Abs. 3 UStG).

Beispiel 29

Der deutsche Unternehmer DE in Köln vermittelt die Vermietung von Fahrzeugen. Der italienische Unternehmer IT meldet sich bei ihm und läßt sich einen Pkw von dem Vermietungsunternehmen V in München vermitteln.

Es handelt sich nicht um eine unter Nr. 1 aufgeführte Vermittlungsleistung. Der vermittelte Umsatz, die Vermietung, findet am Sitz des Vermietungsunternehmens, also in München statt. Die Vermittlungsleistung des DE findet ebenfalls in München statt.

Beispiel 30

Im vorstehenden Beispiel verwendet IT gegenüber dem Vermittler DE seine italienische USt-IdNr.

Die Vermittlungsleistung gilt als in dem Gebiet des Mitgliedstaates ausgeführt, der die USt-IdNr. erteilt hat. DE schuldet also italienische Umsatzsteuer. IT behält sie ein und führt sie an das für ihn zuständige Finanzamt ab, wenn es in Italien eine dem § 51 UStDV entsprechende Vorschrift gibt. Sonst muß DE die geschuldete Umsatzsteuer bei einem italienischen Finanzamt anmelden und an dieses abführen.

7 Besonderheiten bei der Fakturierung

7.1 Steuerfreie Lieferungen inländischer Unternehmer

Führt der Unternehmer **steuerfreie Lieferungen** im Sinne des § 6a aus, ist er zur Ausstellung von Rechnungen verpflichtet, in denen er auf die Steuerfreiheit hinweist (§ 14a Abs. 1 Satz 1 UStG). Der Hinweis in der Rechnung kann etwa so lauten: „Als innergemeinschaftliche Lieferung gemäß § 6a UStG steuerfrei".

Steuerfreie Lieferungen in diesem Sinne sind auch fiktive innergemeinschaftliche Lieferungen bei **Lohnveredelungen** (s. Abschnitt 2.4.2.2).

Durch diese Vorschrift wird der inländische, also der **deutsche Lieferer** verpflichtet, über steuerfreie innergemeinschaftliche Lieferungen Rechnungen zu erteilen, in denen er auf die Steuerfreiheit seiner Lieferung hinweist. Der Abnehmer im anderen Mitgliedstaat benötigt die Rechnung und den Hinweis auf die Steuerfreiheit, damit er den Erwerb der Ware in seinem Mitgliedstaat der Erwerbsbesteuerung unterwerfen kann[6].

Dem Erwerber kommt es nicht nur auf die Erwerbsbesteuerung, sondern auch auf den **Vorsteuerabzug** an. Wie in Abschnitt 2.1.6 dargestellt wurde, kann der erwerbende Unternehmer die Steuer für den innergemeinschaftlichen Erwerb als Vorsteuer abziehen (§ 15 Abs. 1 Nr. 3 UStG).

In der Rechnung sind die **Umsatzsteuer-Identifikationsnummer** des Liefernden und des Erwerbers anzugeben (§ 14a Abs. 2 Satz 1 UStG). Hierdurch kann der Leistungsempfänger erkennen, wie die Leistung, insbesondere der Erwerb von Waren, umsatzsteuerlich zu behandeln ist. Außerdem werden die Angaben für das Kontrollverfahren benötigt[7].

6 BT-Drucks. 12/2463 S. 32.
7 BT-Drucks. 12/2463 S. 33.

Insbesondere muß der Lieferer darauf achten, daß er die Umsatzsteuer-Identifikationsnummer des Erwerbers angibt. Läßt er sich die Umsatzsteuer-Identifikationsnummer vom Erwerber nachweisen, genügt er dadurch seiner **Sorgfaltspflicht** bezüglich der Unternehmereigenschaft des Abnehmers[8].

Steuerfreie innergemeinschaftliche Lieferungen kommen auch bei **unternehmensinternen Verbringungen** vor (s. Abschnitt 2.4.1). Formal gesehen müßten auch hier Rechnungen erteilt werden, in denen auf die Steuerfreiheit hingewiesen wird und die USt-IdNr. des Lieferers und des Erwerbers angegeben werden. Bei innergemeinschaftlichen Lieferungen unter selbständigen Unternehmern soll das geschehen, weil der Abnehmer sonst nicht erkennen kann, ob er erwerbsteuerpflichtig und berechtigt ist, die Erwerbsteuer als Vorsteuer abzuziehen. Bei Verbringungen handelt es sich aber um unternehmensinterne Vorgänge, bei denen die Verhältnisse des einen Unternehmensteils dem anderen Unternehmensteil bekannt sind. Es besteht daher hier kein Bedürfnis, auf die Steuerfreiheit der innergemeinschaftlichen Lieferung hinzuweisen und die USt-IdNr. anzugeben[9].

Besondere Merkmale einer Rechnung über eine innergemeinschaftliche Lieferung:

1. Hinweis: Als innergemeinschaftliche Lieferung gemäß § 6a UStG steuerfrei.
2. USt-IdNr. des Lieferers, zweckmäßigerweise im Rechnungsformular unter dem Namen und der Anschrift des Lieferers drucken.
3. Angabe der USt-IdNr. des Erwerbers in der Rechnung.
4. Kein Ausweis der Umsatzsteuer.

8 Siehe Abschnitt 2.2.
9 Widmann, UStR 1992 S. 249 ff., 263.

7.2 Versandhandel

Soweit Unternehmer Lieferungen im Sinne des § 3c im Inland ausführen, sind sie zur Ausstellung von Rechnungen mit gesondertem Ausweis der Steuer verpflichtet (§ 14a Abs. 1 Satz 2 UStG).

Lieferungen im Sinne von § 3c sind Lieferungen aufgrund der **Versandhandelsregelung** (Abschnitt 3). Werden diese im Inland ausgeführt, ist der liefernde Unternehmer ein Ausländer aus einem EG-Mitgliedstaat, der die Lieferschwelle überschritten hat. Er muß daher mit deutscher Umsatzsteuer versteuern und somit über die Lieferungen Rechnungen mit gesondert ausgewiesener deutscher Umsatzsteuer erteilen. Das gilt auch, wenn der Abnehmer kein Unternehmer ist.

Unter diese Pflicht zur Erteilung von Rechnungen fallen aber nicht inländische Unternehmer, deren Versendungslieferungen in einem anderen Mitgliedstaat zu versteuern sind. Sie haben die entsprechenden Vorschriften des anderen Mitgliedstaates über die Ausstellung von Rechnungen zu beachten.

Besonderes Merkmal einer Rechnung über Versandhandel:

Ausweis deutscher Umsatzsteuer.

7.3 Güterbeförderungen und Vermittlungsleistungen

Soweit Unternehmer sonstige Leistungen i.S. des § 3a Abs. 2 Nr. 4 oder des § 3b Abs. 4 bis 6 im Inland ausführen, sind sie zur Ausstellung von Rechnungen mit gesondertem Ausweis der Steuer verpflichtet (§ 14a Abs. 1 Satz 2 UStG).

Die Verpflichtung zum gesonderten Steuerausweis besteht also, wenn bestimmte sonstige Leistungen, insbesondere **Güterbeförderungen** (Abschnitt 6.1) und Nebenleistungen hierzu sowie **Vermittlungsleistungen** (Abschnitt 6.2), im Inland ausgeführt werden[10]. In diesem

10 BT-Drucks. 12/2463 S. 32.

Fall sind auch die Umsatzsteuer-Identifikationsnummern des Unternehmers und des Leistungsempfängers anzugeben (§ 14a Abs. 2 Satz 1 UStG).

Besondere Merkmale einer Rechnung über eine Güterbeförderung oder eine Vermittlungsleistung:

1. USt-IdNr. des leistenden Unternehmers, zweckmäßigerweise im Rechnungsformular unter dem Namen und der Anschrift des Leistenden drucken.
2. USt-IdNr. des Leistungsempfängers.
3. Ausweis der Umsatzsteuer des Bestimmungslandes.

7.4 Grund für die Angabe der Umsatzsteuer-Identifikationsnummer in der Rechnung

Der Leistungsempfänger ersieht aus der Angabe der Umsatzsteuer-Identifikationsnummer des leistenden Unternehmers, daß dieser

- kein Kleinunternehmer ist,
- kein Unternehmer ist mit ausschließlich steuerfreien Umsätzen,
- kein Unternehmer ist mit ausschließlich Umsätzen im Rahmen eines pauschal versteuernden land- und forstwirtschaftlichen Betriebs.

Aus der Angabe der Identifikationsnummer erkennt also der Leistungsempfänger, wie er die Leistung umsatzsteuerlich zu behandeln hat.

Ferner benötigt er die Angabe der Umsatzsteuer-Identifikationsnummer für das **Kontrollverfahren**.

7.5 Aufbewahrungspflicht

Der Unternehmer hat von allen Rechnungen ein Doppel **6 Jahre** lang aufzubewahren. Die Aufbewahrungsfrist beginnt mit dem Schluß des Kalenderjahrs, in dem die Rechnung ausgestellt worden ist (§ 14a Abs. 1 Sätze 3 und 4 UStG).

Diese Aufbewahrungspflicht ist für das Kontrollverfahren erforderlich. Da buchführungspflichtige Unternehmer bereits nach § 147 AO ein Doppel ihrer Ausgangsrechnungen aufbewahren müssen, trifft die neue Aufbewahrungspflicht im Ergebnis nur die nicht zur Buchführung verpflichteten Lieferer[11].

7.6 Besondere Angaben in Rechnungen über innergemeinschaftliche Lieferungen neuer Fahrzeuge

Es müssen besondere Angaben gemacht werden in Rechnungen über innergemeinschaftliche Lieferungen neuer Fahrzeuge

- an Erwerber, die nicht für ihr Unternehmen erwerbende Unternehmer oder juristische Personen sind und
- von Liefernden, die nicht Unternehmer sind (§ 14a Abs. 3 UStG).

Diese Rechnungen müssen folgende **Angaben** enthalten:

- Tag der ersten Inbetriebnahme
- bei Landfahrzeugen:
  - Hubraum und Leistung
  - zurückgelegte Kilometer
- bei Wasserfahrzeugen:
  - Länge
  - zurückgelegte Betriebsstunden auf dem Wasser
- bei Luftfahrzeugen
  - zulässiges Startgewicht
  - absolvierte Flugstunden

11 BT-Drucks. 12/2463 S. 32.

8 Umsatzsteuer-Identifikationsnummer

8.1 Bedeutung und Aussehen

Die Umsatzsteuer-Identifikationsnummer (USt-IdNr.) hat die Bedeutung eines **Umsatzsteuer-Binnenmarkt-Passes**. Der Inhaber weist hiermit seine Identität nach. Hieraus erkennt der Geschäftspartner, daß der Inhaber der Nummer ein Unternehmer i.S.von § 2 UStG ist.

Die USt-IdNr. dient vorrangig als Anzeichen dafür, daß ihr Inhaber Bezüge aus einem anderen Mitgliedstaat als innergemeinschaftlichen Erwerb versteuern muß. Daher können **Lieferanten aus anderen Mitgliedstaaten** anhand der USt-IdNr. eines deutschen Erwerbers darauf vertrauen, daß sie steuerfrei an ihn liefern können. Da sie in ihrer Rechnung die USt-IdNr. des deutschen Erwerbers angeben müssen, dient die Angabe der USt-IdNr. zur Erteilung einer ordnungsmäßigen Rechnung. Außerdem müssen die Lieferanten anderer Mitgliedstaaten die steuerfreien innergemeinschaftlichen Lieferungen in ihren Zusammenfassenden Meldungen unter den deutschen USt-IdNrn. der Erwerber angeben.

Für **deutsche Lieferanten** ist die USt-IdNr. ein Ordnungskriterium, unter dem sie beim Bundesamt für Finanzen Zusammenfassende Meldungen über ihre steuerfreien innergemeinschaftlichen Lieferungen abgeben müssen.

In **Rechnungen** über steuerfreie Lieferungen i.S. von § 6a oder sonstige Leistungen i.S. von § 3a Abs. 2 Nr. 4, § 3b Abs. 3 bis 6 sind die USt-IdNrn. des Leistenden und des Leistungsempfängers anzugeben (§ 14a Abs. 2 UStG).

Zur Kennzeichnung des Mitgliedstaates, der die USt-IdNr. erteilt hat, wird der Nummer ein **Präfix** vorangestellt.

Präfixe

BE Belgien	ES Spanien	IT Italien
DE Deutschland	FR Frankreich	LU Luxemburg
DK Dänemark	GB Großbritannien	NL Niederlande
EL Griechenland	IE Irland	PT Portugal

Die deutsche USt-IdNr. hat insgesamt 11 Stellen:

- 2 Stellen Präfix,
- 8 Stellen Identifikationsnummer,
- 1 Stelle Prüfziffer.

8.2 Ausgabe der USt-IdNr.

Das Bundesamt für Finanzen erteilt auf Antrag eine USt-IdNr. Unternehmern i.S. des § 2 und solchen Unternehmern, die § 19 Abs. 1 oder ausschließlich § 24 Abs. 1 bis 3 anwenden oder die nur Umsätze ausführen, die zum Ausschluß vom Vorsteuerabzug führen, wenn sie die USt-IdNr. für innergemeinschaftliche Lieferungen oder innergemeinschaftliche Erwerbe benötigen. Entsprechendes gilt für juristische Personen, die nicht Unternehmer sind oder die Gegenstände nicht für ihr Unternehmen erwerben. Bei Organschaften wird auf Antrag jeder Organgesellschaft eine USt-IdNr. erteilt (§ 27a Abs. 1 Sätze 1 bis 4 UStG).

Zuständig für die Erteilung der USt-IdNr. ist das Bundesamt für Finanzen, Außenstelle Saarlouis, Industriestraße 6, 6630 Saarlouis.

In dem **Antrag** sind anzugeben:

- Name,
- Anschrift und
- Steuernummer, unter der der Antragsteller umsatzsteuerlich geführt wird (§ 27a Abs. 1 Satz 5 UStG).

Antragsberechtigte Unternehmer

1. Vorsteuerabzugsberechtigte Unternehmer

a) 1992 am innergemeinschaftlichen Handel teinehmenden Unternehmern wird vom Bundesamt für Finanzen ab September 1992 ohne gesonderten Antrag eine USt-IdNr. erteilt, wenn sie in Zeile 18 der Umsatzsteuervoranmeldung 1992 bei Kennzahl 60 eine „1" eintragen.

b) 1992 nicht am innergemeinschaftlichen Handel teilnehmenden Unternehmern wird auf schriftlichen Antrag vom Bundesamt für Finanzen eine USt-IdNr. erteilt.

c) Unternehmer, die erstmals eine unternehmerische Tätigkeit aufnehmen, müssen sich zunächst zur steuerlichen Neuaufnahme an das zuständige Finanzamt wenden. Dort können sie die Erteilung einer USt-IdNr. beantragen. Der Antrag wird an das Bundesamt für Finanzen weitergeleitet.

2. Nicht vorsteuerabzugsberechtigte Abnehmer

a) Unternehmer, die nur Umsätze tätigen, die zum vollen Ausschluß vom Vorsteuerabzug führen,

b) Kleinunternehmer, die § 19 Abs. 1 UStG anwenden,

c) juristische Personen, die nicht Unternehmer sind

und

deren Entgelte für Erwerbe
- die Erwerbsschwelle übersteigen oder
- nicht übersteigen und die zur Nichtbeachtung der Erwerbsschwelle optieren.

Die im vorstehenden Kasten unter Nr. 2 genannten nicht vorsteuerabzugsberechtigten Abnehmer werden umsatzsteuerlich noch nicht geführt. Sie müssen daher zunächst dem zuständigen Finanzamt anzeigen, daß sie in Zukunft ihre innergemeinschaftlichen Erwerbe im Inland versteuern müssen oder wollen. Erst wenn das Finanzamt entschieden hat, daß hierfür die Voraussetzungen vorliegen und die Erwerber deshalb umsatzsteuerlich geführt werden, erteilt das Bundesamt für Finanzen eine USt-IdNr.

8.3 Zweifel an der Richtigkeit der USt-IdNr.

Verwendet der innergemeinschaftliche ausländische Erwerber bei der Bestellung seine USt-IdNr., kann der deutsche Lieferer davon ausgehen, daß seine Lieferung steuerfrei ist.

Hat der Lieferer Zweifel an der Richtigkeit der verwendeten USt-IdNr., kann er **auf Antrag** die Richtigkeit vom Bundesamt für Finanzen überprüfen lassen (§ 18e UStG). Im Antrag muß der Unternehmer seine eigene USt-IdNr. oder ggfs. seine Steuernummer und die zu überprüfende USt-IdNr. angeben.

Der Unternehmer hat einen Anspruch auf Bestätigung der Gültigkeit einer von einem anderen Mitgliedstaat erteilten USt-IdNr., die ein Abnehmer oder Leistungsempfänger ihm gegenüber verwendet (§ 18e UStG). Das Bundesamt für Finanzen erteilt dem Unternehmer die Bestätigung auf Anfrage. Hierzu muß der Unternehmer die USt-IdNr. seines Geschäftspartners angeben. Er erhält dann eine Bestätigung, wenn diese USt-IdNr. in einem anderen Mitgliedstaat gültig ist.

Gibt der Unternehmer zusätzlich den Namen und die Anschrift seines Geschäftspartners an, erteilt das Bundesamt für Finanzen eine positive Bestätigung, wenn die USt-IdNr. gültig ist und Name und Anschrift korrekt sind[12].

Es gibt also zwei Möglichkeiten:

- Der Unternehmer fragt an, ob die in einem anderen Mitgliedstaat erteilte USt-IdNr. gültig ist. Die Antwort des Bundesamts für Finanzen lautet: „gültig“ oder „ungültig“.
- Der Unternehmer fragt an, ob die in einem anderen Mitgliedstaat erteilte USt-IdNr. gültig ist und gibt zusätzlich Namen und An-

12 BT-Drucks. 12/2463 S. 37 f.

schrift des Geschäftspartners an. Die Antwort des Bundesamts für Finanzen lautet:

- „gültig“, wenn die angegebene USt-IdNr. für den angegebenen Inhaber unter der angegebenen Anschrift in dem Mitgliedstaat, der die USt-IdNr. erteilt hat, gültig ist,
- „ungültig“, wenn mindestens eine Angabe nicht zutrifft.

Die Anfragen können **schriftlich**, **telefonisch** oder **per Telefax** erfolgen. Bestätigungen werden bei telefonischen Anfragen unmittelbar erteilt. Anfragen nach Bestätigung von mehr als 10 USt-IdNrn. sind schriftlich zu stellen.

Über positive Bestätigungen („gültig“) erteilt das Bundesamt für Finanzen schriftliche Mitteilungen.

9 Besondere Nachweispflichten und Aufzeichnungspflichten

9.1 Innergemeinschaftlicher Erwerb

§ 22 Abs. 2 Nr. 7 UStG

Aufzeichnungspflicht

Es sind aufzuzeichnen

- die Bemessungsgrundlagen für den innergemeinschaftlichen Erwerb von Gegenständen und
- die hierauf entfallenden Steuerbeträge.

Beispiel 31

Unternehmer FR in Straßburg liefert an den Unternehmer DE in Köln Damenmäntel. Seine Rechnung lautet:

FR
Rue Napoleon 1
Straßbourg
Numéro d'identification FR12345678901

An
Firma DE
Domplatz 2a
Köln
ID-Nr. DE123456789

20 Damenmäntel zu je 750 FF	15 000 FF

Als innergemeinschaftliche Lieferung gemäß § 6a UStG steuerfrei.

DE erhält die Lieferung am 20.1.1993. Er bezahlt die Rechnung am 31.1.1993. Mit der Voranmeldung für Januar 1993 meldet er die Erwerbsteuer an und macht diese als Vorsteuer geltend.

Zunächst muß DE den Rechnungsbetrag in DM umrechnen:

Entgelt: 15000 FF
Der Umrechnungskurs soll betragen: 100 FF = 30,70 DM
15000 FF : 100 x 30,70 = 4605 DM
15% x 4606 DM = 690,75 DM

DE **bucht:**

Wareneinkaufskonto für innergemeinschaftl. Erwerbe

S		H	
1)	4605,00		

Erwerbsteuer

S		H	
		3)	690,75

Verbindlichkeiten aus innergemeinschaftlichen Erwerben

S		H	
2)	4605,00	1)	4605,00

Bank

S		H	
		2)	4605,00

Vorsteuer aus innergemeinschaftl. Erwerben

S		H	
3)	690,75		

Geschäftsvorfälle:

1) Einkauf von 20 Damenmänteln für 4605 DM am 20.1.1993.
2) Bezahlung der Rechnung durch Banküberweisung am 31.1.1993.
3) Anmeldung der Erwerbsteuer und Geltendmachung der Vorsteuer.

Unternehmer, die Binnenmarktumsätze haben, müssen also für die innergemeinschaftlichen Erwerbe folgende **zusätzliche Sachkonten** im Hauptbuch der Buchführung einrichten:

- Als Umsatzsteuerkonto das Konto „Erwerbsteuer“ und
- als Konto Verbindlichkeiten aus Lieferungen das Konto „Verbindlichkeiten aus innergemeinschaftlichen Erwerben“,
- als Wareneinkaufskonto das Konto „Wareneinkauf für innergemeinschaftliche Erwerbe“.

- Da der Erwerbsteuerbuchung eine Vorsteuergegenbuchung entspricht, ist es aus Abstimmungsgründen zweckmäßig, ein Konto „Vorsteuer aus innergemeinschaftlichen Erwerben“ einzurichten.

Nach dem System der doppelten Buchführung ist für jeden einzelnen Lieferanten im **Geschäftsfreundebuch** ein gesondertes **Personenkonto** einzurichten. Die Summe der Salden der Personenkonten der Lieferanten muß mit dem Saldo des Sachkontos „Verbindlichkeiten aus Lieferungen“ übereinstimmen, da jeder Wareneingang auf dem Lieferantensachkonto und auf dem Personenkonto des jeweiligen Lieferanten gegengebucht wird.

Da für die Binnenmarkt-Umsätze ein besonderes Sachkonto für die Lieferungen, das Konto „Verbindlichkeiten aus innergemeinschaftlichen Lieferungen“, geführt wird, **empfiehlt** es sich, die Personenkonten für die Binnenmarkt-Lieferanten in einem besonderen Geschäftsfreundebuch zusammenzufassen. So kann das Sachkonto „Verbindlichkeiten aus innergemeinschaftlichen Erwerben“ mit der Summe der Salden der Personenkonten der Binnenmarkt-Lieferanten abgestimmt werden.

Der Erwerber innergemeinschaftlicher Warenlieferungen muß auf der einen Seite die Erwerbe der Erwerbsbesteuerung unterwerfen. Auf der anderen Seite zieht er aber die Erwerbsteuer als Vorsteuer ab. Die Buchung auf dem Sachkonto „Wareneinkauf für innergemeinschaftliche Erwerbe“ ergibt also auch die Bemessungsgrundlage des Vorsteuerabzugs.

Durch die Buchungen auf den Personenkonten der Binnenmarkt-Lieferanten in Verbindung mit den Wareneingangsrechnungen kann der **Nachweis** für den **Vorsteuerabzug** geführt werden. Werden auf den Personenkonten der Binnenmarkt-Lieferanten zudem deren USt-IdNr. angegeben, ist bei Umsatzsteuer-Sonderprüfungen und Betriebsprüfungen die Berechtigung des Vorsteuerabzugs leicht in angemessener

Zeit nachzuweisen. Es **empfiehlt** sich daher, auf den einzelnen Personenkonten der Binnenmarkt-Lieferanten deren USt-IdNr. anzugeben.

9.2 Innergemeinschaftliche Lieferung

9.2.1 Nachweispflichten

Die Voraussetzung der Steuerfreiheit innergemeinschaftlicher Lieferungen muß **nachgewiesen** werden. Wie der Nachweis zu führen ist, bestimmt der Bundesminister der Finanzen mit Zustimmung des Bundesrates durch Rechtsverordnung (§ 6a Abs. 3 UStG). Der Nachweis wird daher durch die UStDV geregelt.

Nachzuweisen sind vom liefernden Unternehmer die Voraussetzungen von § 6a UStG.

§ 6a UStG

Steuerfreie innergemeinschaftliche Lieferung

Folgende drei Voraussetzungen müssen erfüllt sein und sind daher nachzuweisen:

1. Beförderung oder Versendung des Gegenstands in das übrige Gemeinschaftsgebiet.
2. Abnehmer ist
   a) Unternehmer, der den Gegenstand für sein Unternehmen erworben hat oder
   b) juristische Person, die
      - nicht Unternehmer ist oder
      - Unternehmer ist, aber den Gegenstand nicht für ihr Unternehmen erworben hat oder
   c) andere Person bei Erwerb eines neuen Fahrzeugs.
3. Erwerbsbesteuerung beim Abnehmer.

Beförderung oder Versendung des Gegenstands in das übrige Gemeinschaftsgebiet

Der liefernde Unternehmer muß durch Belege nachweisen, daß er oder der Abnehmer den Gegenstand der Lieferung in das übrige Gemeinschaftsgebiet befördert oder versendet hat. Das muß sich aus den Belegen eindeutig und leicht nachprüfbar ergeben (§ 17a Abs. 1 UStDV).

Nachweis der Beförderung oder Versendung in das übrige Gemeinschaftsgebiet

1. Beförderung (§ 17a Abs. 2 UStDV)

a) durch den Lieferer mit eigenem LKW:

- Doppel der Rechnung
- Lieferschein mit Angabe des Bestimmungsorts
- Empfangsbestätigung des Abnehmers oder seines Beauftragten

b) durch den Abnehmer mit eigenem LKW (Abholfälle):

- Doppel der Rechnung
- Lieferschein mit Angabe des Bestimmungsorts
- Empfangsbestätigung des Abnehmers oder seines Beauftragten
- Versicherung des Abnehmers oder seines Beauftragten, den Gegenstand in das übrige Gemeinschaftsgebiet zu befördern (Beauftragter ist der LKW-Fahrer des Abnehmers)

2. Versendung (§ 17a Abs. 4 UStDV)

a) durch eigenen Spediteur:

- Doppel der Rechnung
- Bescheinigung des beauftragten Spediteurs (§ 10 UStDV)

b) durch Spediteur des Abnehmers:

- Doppel der Rechnung
- Bescheinigung des beauftragten Spediteurs (§ 10 UStDV)

Wenn nicht möglich oder nicht zumutbar, Nachweis gem. 1. b): Versicherung des Speditionsfahrers

c) durch Bahn oder Post:

- Doppel der Rechnung
- Frachtbrief, Konnossement, Posteinlieferungsschein.

Unternehmereigenschaft des Abnehmers und Erwerbsbesteuerung durch ihn

Der Lieferer hat ferner nachzuweisen, daß der Abnehmer

- Unternehmer ist und den Gegenstand für sein Unternehmen erworben hat oder
- juristische Person ist, die
  - nicht Unternehmer ist oder
  - Unternehmer ist, aber den Gegenstand nicht für ihr Unternehmen erworben hat und
- der Erwerbsteuerpflicht unterliegt.

Es ist i.d.R. davon auszugehen, daß der abnehmende Unternehmer den Gegenstand für unternehmerische Zwecke erwirbt und der Erwerb bei ihm in einem anderen Mitgliedstaat den Vorschriften der Umsatzbesteuerung unterliegt, wenn

- der Abnehmer seine Umsatzsteuer-Identifikationsnummer angibt

  und

- sich aus Art und Menge der erworbenen Gegenstände keine Zweifel an der unternehmerischen Verwendung ergeben[13].

13 BT-Drucks. 12/2463 S. 30.

Der liefernde Unternehmer wird daher die Umsatzsteuer-Identifikationsnummer des Abnehmers aufzeichnen müssen.

§ 6a Abs. 4 UStG

Vertrauensschutz

Wenn die Voraussetzungen für die Steuerfreiheit nicht vorliegen, wird dem liefernden Unternehmer Vertrauensschutz unter folgenden Voraussetzungen gewährt:

1. Die Inanspruchnahme der Steuerbefreiung beruht auf unrichtigen Angaben des Abnehmers.
2. Der liefernde Unternehmer konnte die Unrichtigkeit der Angaben auch bei Beachtung der Sorgfalt eines ordentlichen Kaufmanns nicht erkennen.

Folge: Die Lieferung bleibt steuerfrei und der Abnehmer schuldet die entgangene Steuer.

Der liefernde Unternehmer genügt seiner **Sorgfaltspflicht** bezüglich des Nachweises der Unternehmereigenschaft des Abnehmers, indem er sich dessen Umsatzsteuer-Identifikationsnummer nachweisen läßt[14].

Praxishinweis

Belassen Sie Warenlieferungen an EG-Ausländer nur dann steuerfrei, wenn diese Ihnen die Umsatzsteuer-Identifikationsnummer vorweisen.

Der Erwerber legt Wert darauf, daß die Lieferung an ihn steuerfrei ist. Denn er muß ja im Bestimmungsland versteuern und wäre, falls Sie ihm die Umsatzsteuer für die Lieferung in Rechnung stellen, doppelt mit Mehrwertsteuer belastet. Auf der anderen Seite haben Sie von der Steuerfreiheit keinen Vorteil. Denn Sie würden andernfalls die Steuer Ihrem Abnehmer in Rechnung stellen. Darum ist es recht und billig,

14 BT-Drucks. 12/2463 S. 31.

daß der Abnehmer die entgangene Steuer schuldet, wenn der liefernde Unternehmer seiner Sorgfaltspflicht genügt hat, indem er sich die Identifikationsnummer hat vorweisen lassen.

Buchmäßiger Nachweis

Der Lieferer muß die Voraussetzungen der Steuerbefreiung der innergemeinschaftlichen Lieferung buchmäßig nachweisen. Die Voraussetzungen müssen eindeutig und leicht nachprüfbar aus der Buchführung zu ersehen sein (§ 17c Abs. 1 UStDV).

§ 17c Abs. 2 UStDV

Aufzeichnungspflichten für die innergemeinschaftliche Lieferung

In der Buchführung sind folgende Merkmale aufzuzeichnen:

- Name und Anschrift des Abnehmers,
- bei Lieferung im Einzelhandel Name und Anschrift des Beauftragten,
- Gewerbezweig oder Beruf des Abnehmers,
- USt-IdNr. des Abnehmers,
- handelsübliche Bezeichnung und Menge,
- Tag der Lieferung,
- Entgelt,
- Art und Umfang einer Bearbeitung oder Verarbeitung vor der Beförderung oder Versendung in das übrige Gemeinschaftsgebiet,
- Beförderung oder Versendung in das übrige Gemeinschaftsgebiet,
- Bestimmungsort.

Beispiel 32

DE hat ein Maschinenbauunternehmen in Dortmund. Er erhält im März 1993 von dem Unternehmer FR in Straßburg eine Bestellung auf Herstellung und Lieferung einer Werkzeugmaschine zum Preis von 150000 DM. FR ist für DE ein neuer Kunde.

Wie muß DE vorgehen, um eine steuerfreie innergemeinschaftliche Lieferung ungefährdet ausführen zu können?

Da FR für DE ein neuer Kunde ist, läßt er sich zunächst seine USt-IdNr. mitteilen. Er läßt sich bestätigen, daß FR die Maschine für sein Unternehmen erwerben will.

Nach Mitteilung der USt-IdNr. kann DE davon ausgehen, daß der Erwerb in Frankreich der Erwerbsbesteuerung unterliegt. Denn aus der Art des Liefergegenstands ergeben sich keine Zweifel, daß FR ihn unternehmerisch verwendet. Um ganz sicher zu gehen, fragt DE beim Bundesamt für Finanzen schriftlich unter Angabe von USt-IdNr. und Name und Anschrift des FR an, ob die angegebene USt-IdNr. für den angegebenen Inhaber unter der angegebenen Anschrift in Frankreich gültig ist. Die Durchschrift seines Schreibens und das Bestätigungsschreiben des Bundesamts für Finanzen mit dem Vermerk „gültig" heftet DE bei den Verkaufsbelegen ab. Auf dem Personenkonto „FR" verweist DE auf diese Belege.

Alle angefallenen Daten gibt DE in die innerbetriebliche Datenverarbeitungsanlage ein. Sie stehen daher den betrieblichen Bereichen Fertigung, Verkauf und Fakturierung, Finanzbuchhaltung und der Steuerabteilung zur Verfügung.

Nach der Herstellung der Maschine klärt DE, ob sie zu FR befördert (mit LKW des DE oder LKW des FR) oder versendet (durch Spediteur des DE oder des FR) werden soll.

In jedem dieser Fälle legt DE ein Doppel der Rechnung in den Belegen ab, die folgende Merkmale hat:

- Hinweis: Als innergemeinschaftliche Lieferung gemäß § 6a UStG steuerfrei,
- USt-IdNr. des Lieferers und des Erwerbers,
- kein Ausweis der Umsatzsteuer.

Wird die Maschine **befördert**, sind ein Lieferschein mit Angabe des Bestimmungsorts und eine Empfangsbestätigung des Abnehmers oder seines Beauftragten beizufügen. Wird die Maschine von FR abgeholt, läßt sich DE von FR oder seinem Beauftragten schriftlich versichern, daß die Maschine nach Frankreich befördert wird und nimmt diese Erklärung ebenfalls zu den Belegen.

Wird die Maschine **versendet**, läßt sich DE eine Bescheinigung des Spediteurs erteilen, woraus sich die Versendung nach Frankreich ergibt. Ist der Spediteur von FR beauftragt, muß der Fahrer des Spediteurs wie im Fall der Beförderung versichern, daß die Maschine nach Frankreich transportiert wird. Auch diese Schriftstücke sind bei den Belegen abzuheften.

Das **Personenkonto** des FR führt DE nach folgendem Muster:

Name:
Anschrift:
Gewerbezweig/Beruf:
USt-IdNr.:

Beleg	Tag der Lieferung	Bezeichnung	Menge	Bestimmungsort	Art und Umfang einer Be- oder Verarbeitung	Entgelt	Tag der Bezahlung

9.2.2 Buchungen

Beispiel 33

Unternehmer DE in München liefert an den Unternehmer NL in den Niederlanden 25 Elektromotoren, die dieser an verschiedene Kunden weiterliefert. Die Rechnung von DE an NL lautet:

DE
Bayernstraße 10a
8000 München
USt-IdNr. DE123456789

Firma NL
Grachtstraat 5b
Amsterdam
Omzetbelastingnummer NL123456789012

25 Elektromotoren zu je 350 DM 8750 DM

Als innergemeinschaftliche Lieferung gemäß § 6a UStG steuerfrei.

DE liefert am 15.1.1993. NL bezahlt die Rechnung durch Banküberweisung am 30.1.1993.

DE **bucht:**

S	Forderungen aus innergemeinschaftl. Lieferungen		H
1)	8750,00	2)	8750,00

S	Umsatzerlöse aus innergemeinschaftl. Lieferungen		H
		1)	8750,00

S	Bank		H
2)	8750,00		

Geschäftsvorfälle:

1) Innergemeinschaftliche Lieferung von 25 Elektromotoren für 8750,00 DM am 15.1.1993.

2) Bezahlung der Rechnung durch Banküberweisung des Kunden am 30.1.1993.

Unternehmer mit Binnenmarkt-Umsätzen müssen also für die innergemeinschaftlichen Lieferungen zusätzlich das Sachkonto „Forderungen aus innergemeinschaftlichen Lieferungen“ und das Konto „Umsatzerlöse aus innergemeinschaftl. Lieferungen“ einrichten.

Nach dem System der doppelten Buchführung ist für jeden einzelnen Kunden im **Geschäftsfreundebuch** ein gesondertes **Personenkonto** einzurichten. Jeder Warenverkauf wird nicht nur auf dem Kunden-Sachkonto gegengebucht, sondern auch noch auf dem Personenkonto des einzelnen Kunden erfaßt. Daher stimmt bei zutreffender Erfassung der Warenverkäufe der Saldo auf dem Kundensachkonto mit der Summe der Salden der Personenkonten überein.

Da für die Binnenmarkt-Umsätze mit Kunden das besondere Sachkonto „Forderungen aus innergemeinschaftlichen Lieferungen“ geführt wird, sollten die Personenkonten für die Binnenmarkt-Kunden in einem besonderen Geschäftsfreundebuch zusammengefaßt werden. Dann kann das Sachkonto „Forderungen aus innergemeinschaftlichen Lieferungen“ mit der Summe der Salden der Personenkonten der Binnenmarkt-Kunden abgestimmt werden.

Um den buchmäßigen Nachweis führen zu können, sollten die einzelnen Kunden-Personenkonten nach dem auf S. 89 mitgeteilten **Muster** geführt werden.

9.3 Verbringen

9.3.1 Fiktive innergemeinschaftliche Erwerbe

Beispiel 34

Der deutsche Unternehmer DE verbringt am 20.1.1993 Waren aus seinem französischen Auslieferungslager in seinen deutschen Betrieb. Die Waren sind in Deutschland zum Verkauf bestimmt. Der Einkaufspreis zuzüglich Nebenkosten zum Zeitpunkt des Verbringens beträgt 5600 DM.

Das Verbringen eines Gegenstands des Unternehmens aus dem übrigen Gemeinschaftsgebiet in das Inland durch einen Unternehmer zu seiner nicht nur vorübergehenden Verfügung **gilt als innergemeinschaftli-**

cher Erwerb (§ 1a Abs. 2 Nr. 1 UStG)[15]. In der Buchführung ist dieser Vorgang also wie eine **Anschaffung** zu behandeln.

Da es sich hier um das Verbringen von Waren in den inländischen Betriebsteil handelt, wird der Vorgang wie ein Wareneinkauf gebucht.

Bemessungsgrundlage für die Verbringung ist wie beim Eigenverbrauch der Einkaufspreis zuzüglich der Nebenkosten im Zeitpunkt des Umsatzes (§ 10 Abs. 4 Nr. 1 UStG). Der Einkaufspreis im Zeitpunkt des Umsatzes entspricht dem Wiederbeschaffungspreis zu diesem Zeitpunkt. Lagerten die Waren schon längere Zeit im innergemeinschaftlichen Auslieferungslager, sind zwischenzeitliche Preisänderungen zu berücksichtigen.

Da es sich im vorstehenden Beispiel um Waren in einem französischen Auslieferungslager handelt, die also in Frankreich angeschafft worden sind, sind die Anschaffungskosten einschließlich der Nebenkosten zunächst in DM umzurechnen. Hier soll das umgerechnet 5600 DM betragen.

DE **bucht:**

S	Wareneingang durch Verbringen	H
1)	5600,00	

S	Verrechnungskonto fiktive innergem. Erwerbe	H
	1)	5600,00

S	Vorsteuer aus innergemeinschaftl. Erwerb	H
2)	840,00	

S	Erwerbsteuer	H
	2)	840,00

15 Siehe Abschnitt 2.4.1.

Geschäftsvorfälle:

1) Verbringung von Waren aus dem innergemeinschaftlichen Auslieferungslager in das Inland am 20.1.1993 zum Einkaufspreis zuzüglich Nebenkosten von 5600 DM.
2) Mit der Umsatzsteuervoranmmeldung für Januar entrichtet DE die Erwerbsteuer und macht sie gleichzeitig als Vorsteuer geltend.

Unternehmer mit Binnenmarkt-Umsätzen müssen also für ihre fiktiven innergemeinschaftlichen Erwerbe durch Verbringen von Waren aus dem innergemeinschaftlichen Auslieferungslager in das Inland ein **Verrechnungskonto** „Fiktive innergemeinschaftliche Erwerbe" einrichten. Dieses Konto wird wie ein Lieferanten-Sachkonto geführt.

Die Bemessungsgrundlage für den fiktiven innergemeinschaftlichen Erwerb wird wie beim Eigenverbrauch ermittelt. Die Umsatzsteuerverbindlichkeit für den Eigenverbrauch darf zwar das Betriebsergebnis nicht mindern (§ 12 Nr. 3 EStG). Die Umsatzsteuerverbindlichkeit für den fiktiven innergemeinschaftlichen Erwerb ist aber eine **echte Betriebsschuld**. Anders als bei der Umsatzsteuer auf Eigenverbrauch ist also die Umsatzsteuerverbindlichkeit für den fiktiven innergemeinschaftlichen Erwerb nicht auf Entnahmekonto gegenzubuchen.

Unternehmer, die **mehrere Auslieferungslager** in EG-Mitgliedstaaten haben, sollten für jedes dieser Auslieferungslager, von denen aus sie Waren in das Inland verbringen, besondere Personenkonten einrichten. Diese Personenkonten werden wie Lieferanten-Personenkonten geführt. Die Summe der Salden dieser Personenkonten wird daher mit dem Saldo des Verrechnungskontos „Fiktive innergemeinschaftliche Erwerbe" abgestimmt, ähnlich wie das zwischen dem Saldo des Sachkontos „Innergemeinschaftliche Erwerbe" und der Summe der Salden der Personenkonten der Binnenmarkt-Lieferanten geschieht.

9.3.2 Fiktive innergemeinschaftliche Lieferungen

Beispiel 35

Unternehmer DE in Aachen verbringt zum Verkauf bestimmte Ware aus Aachen in sein französisches Auslieferungslager. Die Ware ist in Frankreich zum Verkauf bestimmt. Einkaufspreis zuzüglich Nebenkosten zum Zeitpunkt des Umsatzes betragen 6300 DM.

Wie in Abschnitt 2.4.1 dargestellt wurde, handelt es sich beim Verbringen aus dem Inland in ein innergemeinschaftliches Auslieferungslager um eine fiktive innergemeinschaftliche (steuerfreie) Lieferung.

DE **bucht:**

S	Verrechnungskonto fiktive innergem. Lieferungen	H	S	Erlöse aus fiktiven innergemeinschaftl. Lieferungen	H
1)	6300,00			1)	6300,00

Geschäftsvorfälle:

1) Verbringen von Ware aus dem Inland in das französische Auslieferungslager zum Einkaufspreis zuzüglich Nebenkosten in Höhe von 6300 DM.

Unternehmer, die in EG-Mitgliedstaaten Auslieferungslager haben, zu denen sie Waren verbringen, die zum Umsatz in dem betreffenden EG-Mitgliedstaat bestimmt sind, müssen daher zusätzlich die Konten „Verrechnungskonto fiktive innergemeinschaftliche Lieferungen" und „Erlöse aus fiktiven innergemeinschaftlichen Lieferungen" einrichten. Das Verrechnungskonto „Fiktive innergemeinschaftliche Lieferungen" wird wie ein Kunden-Sachkonto geführt.

Bestehen **mehrere Auslieferungslager** in EG-Mitgliedstaaten, an die Waren zum Umsatz in diesen EG-Mitgliedstaaten verbracht werden, sollte für jedes einzelne Auslieferungslager ein besonderes Personenkonto geführt werden. Diese Personenkonten werden in einem besonderen Geschäftsfreundebuch „Forderungen aus fiktiven innergemeinschaftlichen Lieferungen" zusammengestellt. Die Summe der Salden dieser Personenkonten muß mit dem Saldo auf dem Verrechnungskonto „fiktive innergemeinschaftliche Lieferungen" übereinstimmen.

Bei den Verbringungen, die den innergemeinschaftlichen Lieferungen gleichgestellt sind und daher als solche fingiert werden, soll aufgezeichnet werden (§ 17c Abs. 3 UStDV):

- handelsübliche Bezeichnung und Menge des Gegenstands,
- Anschrift und USt-IdNr. des im anderen Mitgliedstaat belegenen Unternehmensteils,
- Tag des Verbringens,
- Bemessungsgrundlage nach § 10 Abs. 4 Nr. 1 UStG.

Unternehmer, die nach dem System der doppelten Buchführung buchen, führen diese Aufzeichnungen zweckmäßigerweise in dem entsprechend erweiterten Geschäftsfreundebuch „Forderungen aus fiktiven innergemeinschaftlichen Lieferungen". Auf jedem einzelnen Personenkonto für ein Auslieferungslager, an das fiktive innergemeinschaftliche Lieferungen ausgeführt werden, wird daher auch die USt-IdNr. des betreffenden Unternehmensteils im anderen EG-Staat angegeben.

9.3.3 Aufzeichnung der vorübergehenden Verbringungen

Es gibt Fälle, in denen Unternehmer Gegenstände aus dem Inland in das übrige Gemeinschaftsgebiet zur eigenen Verfügung verbringen, die nicht Lieferungen gleichstehen. Ihnen stehen also auf der anderen Seite keine fiktiven Erwerbe gegenüber. Sie werden daher in der Buchführung nicht aufgezeichnet. Damit sie nicht durch Verbringen im übrigen Gemeinschaftsgebiet unkontrolliert verschwinden, sind sie aufzuzeichnen.

Hiernach sind aufzuzeichnen Gegenstände, die zur eigenen Verfügung des Unternehmers in das übrige Gemeinschaftsgebiet verbracht werden,

- an denen im übrigen Gemeinschaftsgebiet Arbeiten ausgeführt werden (§ 22 Abs. 4a Nr. 2 UStG),
- mit denen bei einer vorübergehenden Verwendung im übrigen Gemeinschaftsgebiet sonstige Leistungen ausgeführt werden, wobei der Unternehmer in dem betreffenden Mitgliedstaat keine Zweigniederlassung hat (§ 22 Abs. 4a Nr. 3 UStG) oder
- die vorübergehend im übrigen Gemeinschaftsgebiet verwendet werden und in entsprechenden Fällen die Einfuhr aus dem Drittlandsgebiet vollständig steuerfrei wäre (§ 22 Abs. 4a Nr. 4 UStG).

9.4 Lohnveredelung

9.4.1 Aufzeichnung der vorübergehenden Verbringungen im Rahmen der Lohnveredelung

Auch in Fällen der Lohnveredelung werden Gegenstände vorübergehend verbracht

- aus dem Inland in das übrige Gemeinschaftsgebiet (fiktive innergemeinschaftliche Erwerbe) oder
- aus dem übrigen Gemeinschaftsgebiet in das Inland (fiktive innergemeinschaftliche Lieferungen).

Auch diesen Verbringungsfällen steht auf der anderen Seite kein Erwerb der Gegenstände, an denen Lohnveredelungen durchgeführt werden, gegenüber. Denn die Gegenstände werden nach Ausführung der Lohnveredelung wieder an den Auftraggeber zurückgeschickt. Es ist also auch hier, wie in den im Abschnitt 9.3.3 genannten Fällen, ein unkontrolliertes Verschwinden dieser Gegenstände aus dem jeweiligen Inland in das übrige Gemeinschaftsgebiet möglich.

Diese Geschäftsvorfälle müssen daher nicht nur in der Finanzbuchhaltung gebucht, sondern auch durch Aufzeichnungen neben der Buchführung festgehalten werden (§ 22 Abs. 4a Nr. 1 UStG).

9.4.2 Fiktive innergemeinschaftliche Erwerbe

Beispiel 36

Der inländische Unternehmer DE versendet am 10.1.1993 an den niederländischen Unternehmer NL Stoffe, die dieser bedrucken und anschließend an DE zurückschicken soll. NL versendet die bedruckten Stoffe am 20.2.1993 an DE zurück und schickt ihm folgende Rechnung:

NL Groote Straat 14b Amsterdam NL123456789012
An Firma DE Rheinuferstraße 100c Düsseldorf DE123456789
Bedrucken von 1200 m Stoffen, je Meter 35 hfl 42 000 hfl.
Als innergemeinschaftliche Lieferung gemäß § 3 Abs. 1a Nr. 2 in Verbindung mit § 6a Abs. 2 Nr. 2 UStG steuerfrei.

DE erhält die Rechnung am 20.2.1993. Mit der Umsatzsteuervoranmeldung für Februar 1993 meldet DE die Erwerbsteuer an und macht sie gleichzeitig als Vorsteuer geltend.

DE schickt die Stoffe aus seinem Warenlager an NL. Handelte es sich um eine Lieferung im Rahmen eines **Verkaufs**, würde DE buchen: Forderungen aus Lieferungen. Die Minderung der Stoffe im Warenlager des NL ergäbe sich also aus der Buchung im Zusammenhang mit der Ausgangsrechnung.

Schickt DE aber dem Unternehmer NL Stoffe zur **Lohnveredelung**, wird dieser Vorgang im Zeitpunkt der Versendung in der Buchführung nicht erfaßt. DE schickt dem NL über die Versendung der Stoffe keine Rechnung, die NL als innergemeinschaftlichen Erwerb erfassen würde. Die Stoffe könnten daher unkontrolliert im übrigen Gemeinschaftsgebiet verschwinden. Um das zu verhindern, müssen Gegenstände aufgezeichnet werden, die ein inländischer Unternehmer an einen im übrigen Gemeinschaftsgebiet ansässigen Unternehmer mit USt-IdNr. zur Ausführung einer Lohnveredelung aufgrund eines Werkvertrags i.S. von § 3 Abs. 1a Nr. 2 befördert oder versendet (§ 22 Abs. 4a Nr. 1 UStG, s. Abschn. 9.4.1).

Wie die Versendung der Stoffe aufzuzeichnen ist, regelt § 22 UStG nicht. Auch in den ergänzenden Vorschriften der UStDV – §§ 63ff.

UStDV – fehlen entsprechende Bestimmungen. Was aufzuzeichnen ist, muß daher aus dem Sinn der Vorschrift gefolgert werden. Es soll der Verbleib der lohnzuveredelnden Gegenstände nachgewiesen werden. Die Aufzeichnungen müssen daher **Art**, **Menge** und **Ort des Verbleibs** der Gegenstände erfassen. Es sind aufzuzeichnen sowohl der **Abgang** der Gegenstände als auch die **Rückkehr** der Gegenstände. Für beide Vorgänge sind **Datumsangaben** zu machen.

Die Rechnung des NL über die Lohnveredelung erfaßt DE in seiner Buchführung. Der Vorgang wird vom Gesetz als innergemeinschaftlicher Erwerb fingiert.

Zunächst muß DE den Rechnungsbetrag in Deutsche Mark umrechnen:
100 hfl = 90,10 DM
42000 hfl : 100 hfl x 90,10 DM = 37 842 DM

37842 DM x 15% = 5676,30 DM

DE **bucht:**

S Innergemeinschaftl. Lohn-veredelg., fikt. Erwerb	H
1) 37 842,00	

S Verbindlichkeiten aus innergemeinsch. Erwerben	H
	1) 37 842,00

S Vorsteuer aus inner-gemeinschaftl. Erwerben	H
2) 5676,30	

S Erwerbsteuer	H
	2) 5676,30

Geschäftsvorfälle:

1) Innergemeinschaftliche Lohnveredelung für 37 842,00 DM am 20.1.1993.

2) Anmeldung der Erwerbsteuer und Geltendmachung der Vorsteuer.

Unternehmer mit Binnenmarktumsätzen müssen also für die von ihnen beauftragten innergemeinschaftlichen Lohnveredelungen ein zusätzliches Sachkonto „Innergemeinschaftliche Lohnveredelungen, fiktive Erwerbe“ im Hauptbuch der Buchführung einrichten, das wie ein Wareneinkaufskonto geführt wird.

Die Gegenbuchungen erfolgen auf dem Konto „Verbindlichkeiten aus innergemeinschaftlichen Erwerben“.

Für jeden Unternehmer, der im übrigen Gemeinschaftsgebiet in unserem Auftrag Lohnveredelungen ausführt, ist ein besonderes Personenkonto im Geschäftsfreundebuch für Binnenmarktumsätze einzurichten. Auf jedem einzelnen dieser Personenkonten ist die USt-IdNr. des betreffenden Auftragnehmers einzutragen. So kann, wie auch bei den übrigen innergemeinschaftlichen Erwerben, die Berechtigung des Vorsteuerabzugs leicht und in angemessener Zeit nachgewiesen werden (s. Abschnitt 9.1).

Auf dem wie ein Wareneinkaufskonto geführten Konto „innergemeinschaftliche Lohnveredelungen, fiktive Erwerbe“ werden nur die von den Lohnveredlern in Rechnung gestellten Beträge als Zugang auf der Soll-Seite gebucht. Werden die lohnveredelten Vorräte verkauft, verlassen sie das Lager. Bei der **Inventur** fehlen sie im Bestand und wirken sich so auf den Wareneinsatz erhöhend aus. Zum **Wareneinsatz** rechnen aber auch die hierauf entfallenden Beträge der Lohnveredelung. Daher sind beim Verkauf lohnveredelter Waren auch die auf die verkauften Waren entfallenden Beträge an Lohnveredelung auf dem Konto „innergemeinschaftliche Lohnveredelungen, fiktive Erwerbe“ im Haben als Abgang zu buchen.

9.4.3 Fiktive innergemeinschaftliche Lieferungen

Beispiel 37

Der französische Unternehmer FR versendet am 10.1.1993 an den inländischen Unternehmer DE Rohlinge, die dieser zu Kurbelwellen schmieden und anschließend an FR zurückschicken soll. DE versendet die Kurbelwellen am 20.2.1993 an FR zurück und schickt ihm folgende Rechnung:

DE
Lange Straße 205c
Essen
DE123456789

An FR
Rue Blanc
Lyon
FR12345678901

20 Kurbelwellen zu je 560 DM aus von Ihnen gelieferten Rohlingen im Lohnveredelungsverfahren geschmiedet
20 Kurbelwellen zu je 560 DM 11 200 DM

Als innergemeinschaftliche Lieferung gemäß § 3 Abs. 1a Nr. 2, § 6a Abs. 2 Nr. 2 UStG steuerfrei.

Die Rohlinge befanden sich, nachdem FR sie geschickt hatte, im Vorratslager des DE. Bei einer Lieferung im Rahmen eines Kaufs hätte DE gebucht: Rohstoffkonto an Verbindlichkeiten aus Lieferungen. Der Zugang im Vorratslager ergäbe sich also aus der Buchung im Zusammenhang mit der Einkaufsrechnung.

Die Rohlinge wurden dem DE aber zur Lohnveredelung geschickt. Über den Eingang fehlt eine Rechnung. Der Zugang wurde auch nicht in der Buchführung erfaßt. Es handelt sich um einen Zugang, der nicht das Betriebsvermögen des DE erhöhen darf, da er nicht hierzu gehört.

Da der Zugang nicht in der Buchführung erfaßt ist, kann es geschehen, daß er zum Betriebsvermögen gerechnet wird. Um das zu verhindern, müssen Gegenstände aufgezeichnet werden, die der Unternehmer von einem im übrigen Gemeinschaftsgebiet ansässigen Unternehmer mit USt-IdNr. zur Ausführung einer Lohnveredelung aufgrund eines Werkvertrags i.S. von § 3 Abs. 1a Nr. 2 UStG erhält (§ 22 Abs. 4b UStG, s. Abschn. 9.4.1).

Da die Herkunft und der Grund der lohnzuveredelnden Gegenstände nachzuweisen ist, sind die Gegenstände nach **Art**, **Menge** und **Zeit** ihres Zu- und Abgangs zu erfassen.

Seine Rechnung an FR über die Lohnveredelung erfaßt DE in seiner Buchführung als innergemeinschaftliche Lieferung.

DE **bucht:**

S	Forderungen aus inner-gemeinsch. Lieferungen	H	S	Umsatzerlöse	H
1)	11 200,00			1)	11 200,00

Geschäftsvorfall:

1) Lohnveredelung als fiktive innergemeinschaftliche Lieferung 11 200 DM.

DE führt für den FR ein besonderes Personenkonto, auf dem er alle innergemeinschaftlichen Lieferungen an FR erfaßt. Auf dem Konto verzeichnet er auch die USt-IdNr. des FR. Hier trägt er auch alle übrigen Merkmale ein, die für den buchmäßigen Nachweis nach § 17c Abs. 2 UStDV erforderlich sind (s. Abschnitt 9.2.1.3).

10 Meldeverfahren

10.1 Umsatzsteuer-Voranmeldungen

Umsatzsteuer-Voranmeldungen müssen alle Unternehmer abgeben, die ohnehin nach den Bestimmungen von § 18 UStG dazu verpflichtet sind.

Außerdem sind zur Abgabe von USt-Voranmeldungen verpflichtet,

- Unternehmer und juristische Personen, die ausschließlich Steuern für innergemeinschaftliche Erwerbe (§ 1 Abs. 1 Nr. 5 UStG) zu entrichten haben,
- Fahrzeuglieferer (§ 2a UStG),
- Personen, die keine Unternehmer sind und Steuerbeträge
  a) nach § 6a Abs. 4 Satz 2 UStG als Abnehmer schulden, weil ihr Lieferer zu Unrecht die Lieferung als steuerfreie Lieferung behandelt hat und das auf ihren unrichtigen Angaben als Abnehmer beruht oder
  b) nach § 14 Abs. 3 UStG schulden, weil sie in einer Rechnung zu Unrecht gesondert ausgewiesen haben (§ 18 Abs. 4a und 4b UStG).

Für die Umsatzsteuer-Voranmeldungen ergeben sich ab 1993 folgende Änderungen:

- Trennung der **steuerfreien Umsätze** mit **Vorsteuerabzug** in
  a) innergemeinschaftliche Lieferungen an Abnehmer mit USt-IdNr.
  b) innergemeinschaftliche Lieferungen neuer Fahrzeuge an Abnehmer ohne USt-IdNr.
  c) außerhalb eines Unternehmens ausgeführte Lieferungen neuer Fahrzeuge in das übrige Gemeinschaftsgebiet (§ 2a UStG),
  d) weitere steuerfreie Umsätze mit Vorsteuerabzug,
- Aufnahme der **vollpauschalierten Umsätze** land- und forstwirtschaftlicher Betriebe (§ 24 UStG) unter den Lieferungen in das übrige Gemeinschaftsgebiet an Abnehmer mit USt-IdNr.,

- Aufnahme der Angaben zu **innergemeinschaftlichen Erwerben** getrennt nach
  a) steuerfreien Erwerben (§ 4b UStG)
  b) steuerpflichtigen Erwerben von Lieferern mit USt-IdNr. zum Steuersatz von 15 %
  c) steuerpflichtigen Erwerben von Lieferern mit USt-IdNr. zum Steuersatz von 7 %
  d) steuerpflichtigen Erwerben neuer Fahrzeuge von Lieferern ohne USt-IdNr. zum Steuersatz von 15 %,
- Trennung der **abziehbaren Vorsteuerbeträge** in
  a) Vorsteuerbeträge aus Rechnungen von anderen Unternehmern
  b) Vorsteuerbeträge aus dem innergemeinschaftlichen Erwerb von Gegenständen
  c) entrichtete Einfuhrumsatzsteuer
  d) Vorsteuerbeträge nach allgemeinen Durchschnittssätzen (§§ 23 und 23a UStG)
  e) Berichtigung des Vorsteuerabzugs früherer Jahre (§ 15a UStG).

Für die Umsatzsteuer-Voranmeldungen der Jahre 1993ff. gibt es **neue Vordrucke**. Tragen Sie die durch das UStG erforderlichen Angaben wie folgt in das Formular ein:

Zeile	Art	Bemessungs-grundlage
	Steuerfreie Umsätze mit Vorsteuerabzug	
20	innergemeinschaftliche Lieferungen an Abnehmer mit USt-IdNr.	Entgelt
	fiktive innergemeinschaftliche Lieferungen durch Verbringungen	Einkaufspreis + Nebenkosten
	fiktive innergemeinschaftliche Lieferungen im Rahmen von Lohnveredelungen	Entgelt
21	innergemeinschaftliche Lieferungen neuer Fahrzeuge an Abnehmer ohne USt-IdNr.	Entgelt
22	innergemeinschaftliche Lieferungen neuer Fahrzeuge außerhalb des Unternehmens	Entgelt

	innergemeinschaftliche Lieferungen neuer Fahrzeuge von Nichtunternehmern	Entgelt
	Steuerpflichtige innergemeinschaftliche Erwerbe	
38	innergemeinschaftliche Erwerbe von Lieferern mit USt-IdNr. zum Steuersatz von 15 %	Entgelt
	fiktive innergemeinschaftliche Erwerbe durch Verbringungen	Einkaufspreis + Nebenkosten
	fiktive innergemeinschaftliche Erwerbe im Rahmen von Lohnveredelungen	Entgelt
39	innergemeinschaftliche Erwerbe von Lieferern mit USt-IdNr. zum Steuersatz von 7 %	Entgelt
40	innergemeinschaftliche Erwerbe neuer Fahrzeuge von Lieferern ohne USt-IdNr. zum Steuersatz von 15 %	Entgelt
48	Vorsteuerbeträge aus dem innergemeinschaftlichen Erwerb von Gegenständen Summe der Steuerbeträge aus Zeilen 38 bis 40	Steuerbetrag

10.2 Zusammenfassende Meldungen

Neben Umsatzsteuer-Voranmeldungen an das zuständige Finanzamt haben die nachstehend genannten Unternehmer sogenannte Zusammenfassende Meldungen für jedes abgelaufene Kalendervierteljahr beim Bundesamt für Finanzen, Außenstelle Saarlouis, abzugeben. In den Zusammenfassenden Meldungen werden aufgeführt

- ▶ die innergemeinschaftlichen Warenlieferungen und
- ▶ die innergemeinschaftlichen Warenbewegungen.

Zusammenfassende Meldungen (§ 18a UStG) müssen abgeben

- Unternehmer mit Ausnahme der Kleinunternehmer (bei Organschaften jede Organgesellschaft)

- bis zum **10. Tag nach Ablauf eines Kalendervierteljahrs**
- beim Bundesamt für Finanzen
- auf amtlich vorgeschriebenem Vordruck.

Die Seiten 2ff. der Zusammenfassenden Meldungen haben folgendes Bild:

Meldung der Warenlieferungen (§ 18a Abs. 4 Nr. 1 u. 2 UStG) und Warenbewegungen (§ 18a Abs. 4 Nr. 3 UStG)

Bitte füllen Sie für jeden Erwerber nur eine Zeile aus

1		2	3
Länderkennzeichen	USt-IdNr. des Erwerbers/ Unternehmers/ Auftragnehmers in einem anderen Mitgliedstaat	Summe der Bemessungsgrundlagen volle DM	Hinweis auf Werkleistung/Warenbewegung (falls ja, bitte „1“ eintragen)

In den Zusammenfassenden Meldungen werden angegeben:

1. Innergemeinschaftliche Warenlieferungen

(mit Ausnahme der Lieferungen neuer Fahrzeuge an Abnehmer ohne USt-IdNr.)

Spalte 1: USt-IdNr. des Erwerbers, die ihm in einem anderen Mitgliedstaat erteilt worden ist und unter der die innergemeinschaftlichen Warenlieferungen an ihn ausgeführt worden sind.

Spalte 2: Summe der Bemessungsgrundlagen der an den Erwerber ausgeführten innergemeinschaftlichen Lieferungen.

2. Fiktive innergemeinschaftliche Lieferungen nach Lohnveredelungen

(Lohnveredelungen, die der deutsche Unternehmer als Auftragnehmer des Unternehmers eines anderen Mitgliedstaats durchgeführt hat)

Spalte 1: USt-IdNr. des Auftraggebers der Lohnveredelungen, die ihm in einem anderen Mitgliedstaat erteilt worden ist und unter der die Lohnveredelungen an ihn ausgeführt worden sind.

Spalte 2: Summe der Bemessungsgrundlagen der an den Auftraggeber ausgeführten Lohnveredelungen.

Spalte 3: „1“

3. Fiktive innergemeinschaftliche Lieferungen bei Verbringungen

Spalte 1: USt-IdNr. des Unternehmensteils im Mitgliedstaat.

Spalte 2: Summe der auf die fiktiven innergemeinschaftlichen Lieferungen entfallenden Einkaufspreise zuzüglich Nebenkosten.

4. Innergemeinschaftliche Warenbewegungen zu Lohnveredelungen

(Lohnveredelungen, die der innergemeinschaftliche Lohnveredeler im Auftrag des deutschen Unternehmers durchführt)

Spalte 1: USt-IdNr. des Auftragnehmers in dem anderen Mitgliedstaat.

Spalte 3: „1“

In Spalte 2 sind die Werte in fremder Währung auf Deutsche Mark nach den amtlichen Briefkursen umzurechnen, die der Bundesminister der Finanzen als Durchschnittskurse für den Monat öffentlich bekanntgegeben hat.

Ändern sich die in Spalte 2 einer Zusammenfassenden Meldung angegebenen Bemessungsgrundlagen, z. B. durch in Anspruch genommene Skonti, gewährte Rabatte, Preisnachlässe oder Rücklieferungen, sind die Beträge in der nächsten Zusammenfassenden Meldung zu korrigieren. Das kann dadurch geschehen, daß die nächste den betreffenden Erwerber betreffende Meldung entsprechend erhöht oder gemindert wird.

Beispiel 38

In der Meldung für das erste Quartal hat DE innergemeinschaftliche Lieferungen an den Unternehmer FR in Paris in Höhe von 250 000 DM gemeldet. Für das zweite Quartal betragen die den FR betreffenden innergemeinschaftlichen Lieferungen 180 000 DM. Im ersten Quartal hat FR Lieferungen in Höhe von 150 000 DM unter Abzug von 3% Skonto (3 % x 150 000 DM = 4500 DM) beglichen. In der Meldung für das zweite Quartal mindert DE die Bemessungsgrundlage von 180 000 DM um 4500 DM auf 175 500 DM.

10.3 Intrahandelsstatistik

10.3.1 Statistische Meldungen

Jeder Staat muß seinen Außenhandel kennen. Hieraus gewinnen die Regierung, Wirtschafts- und Unternehmensverbände, Institute der Marktforschung und Marktbeobachtung Analysen über die internationale Wettbewerbsfähigkeit und die Import- und Exportabhängigkeit bei einzelnen Gütern und Geschäftszweigen. Diese können hieraus ferner Preisentwicklungen im Außenhandel ableiten.

Bisher werden die erforderlichen Außenhandelsdaten durch Auswertung der Daten bei der Zollabfertigung gewonnen. Hieraus lassen sich ab 1.1.1993 nur noch Daten für den Handel mit Drittländern gewinnen. Da für den Handel mit den EG-Mitgliedstaaten die Zollgrenzen entfallen, muß für den Binnenhandel ein neues Statistik-System eingeführt werden. Das ist die Intrahandelsstatistik, kurz „INTRASTAT“ genannt.

Die statistischen Meldungen sind zu erstatten an das

Statistische Bundesamt
Außenhandelsstatistik
Postfach 5528
D-6200 Wiesbaden

Zur Zeit sind die Meldungen noch auf besonderen Erhebungsvordrucken abzugeben, die ab Dezember 1992 kostenfrei vom Statistischen Bundesamt bezogen werden können. Die Bestellzettel hierfür sollen den Unternehmen Anfang Dezember unaufgefordert zugeschickt werden. Sollte das nicht geschehen, sind sie beim Statistischen Bundesamt formlos anzufordern.

Es wird ein Software-Programm entwickelt, das es ermöglichen soll, die Daten auf einer Diskette zu speichern und hiermit anstelle von Erhebungsbögen dem Statistischen Bundesamt zu übermitteln. Das Programm kann nach Fertigstellung, voraussichtlich im Laufe des Jahres 1993, kostenfrei bezogen werden.

10.3.2 Gegenstand

Gegenstand der INTRASTAT sind die **Gemeinschaftswaren**. Das sind alle Waren, die in einem EG-Mitgliedstaat gewonnen oder hergestellt wurden oder sich im zollrechtlich freien Verkehr der Gemeinschaft befinden.

Durch die INTRASTAT werden ferner die **Nichtgemeinschaftswaren** erfaßt, soweit sie sich im zollrechtlichen Verfahren der aktiven Veredlung oder Umwandlung befinden.

Es spielt keine Rolle, ob die Waren bei ihrem Weg von einem Mitgliedstaat zu einem anderen Mitgliedstaat durch ein Drittland transportiert werden, z. B. Lieferung von Waren von Italien nach Deutschland über die Schweiz.

Legen wir die bisher vorgestellten Begriffe zugrunde, läßt sich treffender umschreiben, was bei der INTRASTAT zu erfassen ist:

Durch INTRASTAT werden erfaßt:

- Gegenstände eines innergemeinschaftlichen Erwerbs
- Gegenstände einer innergemeinschaftlichen Lieferung

Erfaßt werden daher auch die fiktiven Erwerbe und die fiktiven innergemeinschaftlichen Lieferungen (s. Abschnitt 2.4).

10.3.3 Eingänge und Versendungen

Bei der INTRASTAT werden zwei Warenflüsse erfaßt:

- Das Gelangen von Waren aus dem übrigen Gemeinschaftsgebiet in das Inland als **Eingang**. Das sind insbesondere die Gegenstände, die der Erwerbsbesteuerung unterliegen.
- Das Gelangen von Waren aus dem Inland in das übrige Gemeinschaftsgebiet als **Versendung**. Das sind insbesondere die Gegenstände einer innergemeinschaftlichen Lieferung.

Entsprechend sind beide Warenflüsse auf zwei getrennten **Formularen** zu erfassen:

- Eingang und
- Versendung.

10.3.4 Auskunftspflichtige

Auskunftspflichtig ist in Deutschland jede natürliche oder juristische Person, die

- in Deutschland umsatzsteuerpflichtig ist,
- sich am Handel mit anderen Mitgliedstaaten beteiligt und
- bei den Eingängen oder Versendungen eine bestimmte Jahresschwelle überschreitet.

Jahresschwelle

Wert der Versendungen im

- ▶ Vorjahr oder
- ▶ laufenden Kalenderjahr

über 200 000 DM

Für jeden der beiden Warenflüsse – Eingänge und Versendungen – kommt eine besondere Auskunftspflicht in Frage. Deshalb gibt es sowohl für die Eingänge als auch für die Versendungen eine Jahresschwelle.

Beispiel 39

1. *Wert der Eingänge in 1992 über 200 000 DM*
2. *Wert der Versendungen in 1992 unter 200 000 DM*
3. *Wert der Versendungen in den Monaten Januar bis August 1993 unter 200 000 DM. Ab 10.9.1993 wird die Schwelle überschritten.*

Zu 1.:
Die Schwelle ist für die Eingänge bereits in 1992 überschritten. Es besteht daher Auskunftspflicht für die Eingänge ab 1.1.1993.

Zu 2.:
Die Schwelle für die Versendungen ist in 1992 nicht überschritten. Für 1993 besteht zunächst keine Auskunftspflicht für die Versendungen.

Zu 3.:
Die Schwelle für die Versendungen wird ab 10.9.1993 überschritten. Die Meldepflicht für die Versendungen entsteht daher im Oktober.

Der Auskunftspflichtige kann auch einen oder mehrere Dritte mit der Erstellung der statistischen Meldung **beauftragen**, z. B. Spediteure. Dann bleibt aber der Auskunftspflichtige weiterhin für die Richtigkeit der gelieferten Daten verantwortlich.

Verstöße gegen die Auskunftspflicht können als Ordnungswidrigkeit geahndet werden.

10.3.5 Berichtszeitraum und Termine

Berichtszeitraum für die INTRASTAT ist der **Kalendermonat**. Spätestens am 5. Werktag nach Ablauf des Berichtsmonats müssen die statistischen Meldungen über die Eingänge und Versendungen des Berichtsmonats an das Statistische Bundesamt abgeschickt sein.

Die statistischen Meldungen sollten möglichst kontinuierlich, wöchentlich oder dekadenweise, abgegeben werden. Es werden dann im Laufe des Berichtsmonats mehrere statistische Meldungen abgegeben. Die letzte Meldung ist in diesem Fall spätestens bis zum 5. Werktag des folgenden Kalendermonats abzuschicken.

10.3.6 Zu übermittelnde Daten

Für die Eingänge und die Versendungen gibt es gesonderte Meldebogen, die hinsichtlich der Datenfelder übereinstimmen. Die Datenfelder 1 bis 5 enthalten Angaben über den **Auskunftspflichtigen** oder Drittanmelder und den **Adressaten** der Meldung. Die Datenfelder 6 bis 19 enthalten Angaben über die **Ware**.

Hier soll nur darauf hingewiesen werden, daß die Umsatzsteuer-Nr. des Auskunftspflichtigen einzutragen ist. Das ist die **Steuernummer**, nicht die USt-IdNr. Z. B. lautet die Steuernummer: 123/0456/7890. Hier bedeuten die ersten drei Ziffern die Nummer des Finanzamts, die vier folgenden Ziffern die Steuerbezirks-Nummer in dem Finanzamt und die letzten Ziffern die Unterscheidungsnummer des betreffenden Steuerpflichtigen. In der INTRASTAT-Meldung ist die Steuernummer ohne die Schrägstriche einzutragen, und zwar linksbündig, hier also: 12304567890.

Es kommt vor, daß Unternehmen innerhalb einer **Organschaft** oder Bereiche innerhalb eines Unternehmens gesonderte INTRASTAT-Meldungen abgeben. Für diesen Fall erteilt das Statistische Bundesamt dreistellige Unterscheidungsnummern. Sie sind in dem Zusatzfeld einzutragen.

In einem weiteren Teilfeld wird das **Bundesland**, in dem das für den Auskunftspflichtigen zuständige Finanzamt seinen Sitz hat, mit einer zweistelligen Code-Zahl benannt.

Im übrigen wird auf die „Anleitung zum Ausfüllen der INTRASTAT-Vordrucke“ verwiesen, die vom Statistischen Bundesamt angefordert werden kann. Hierin wird im einzelnen ausführlich und auch verständlich erklärt, wie die Vordrucke auszufüllen sind. Die Anleitung ist schon deshalb unentbehrlich, weil sie Angaben über die Länderschlüssel, die Schlüsselnummern für die Arten der Geschäfte und weitere für das Ausfüllen wichtige Codes enthält.

11 Checkliste

Das neue Umsatzsteuerrecht im Binnenmarkt bringt eine Fülle von Neuerungen mit sich. Sie müssen Daten mit Ihren Lieferanten und Kunden in anderen EG-Staaten austauschen, Korrespondenz mit dem Bundesamt für Finanzen und mit Ihrem Finanzamt führen, neue Konten in Ihrer Finanzbuchhaltung einrichten und organisatorische Vorkehrungen treffen.

Damit Sie nichts vergessen, bekommen Sie nachstehend eine Checkliste. Haken Sie hierin die für Sie in Betracht kommenden Punkte ab und erstellen Sie sich dann anhand der abgehakten Punkte eine auf Ihr Unternehmen zugeschnittene eigene Checkliste. Sie soll Grundlage für Ihre persönliche Vorbereitung auf den Umsatzsteuer-Binnenmarkt sein.

Lesen Sie bei aufkommenden Fragen jeweils in den Abschnitten dieser Broschüre nach, auf die in der folgenden Checkliste verwiesen wird. Sie haben damit eine praxisgerechte Nachschlagehilfe.

Checkliste

In Betracht kommende Aktion

1. **Eigene USt-IdNr.** beim Bundesamt für Finanzen beantragen (Abschnitt 8.2)
2. Von ständigen **Kunden** und **Lieferanten** im übrigen Gemeinschaftsgebiet deren **USt-IdNr.** anfordern und auf den entsprechenden Personenkonten eintragen
3. Die eigenen **Rechnungsformulare** über innergemeinschaftliche Lieferungen um folgende Merkmale ergänzen:
   - Hinweis: „Als innergemeinschaftliche Lieferung gemäß § 6a UStG steuerfrei"
   - Eigene USt-IdNr. anbringen, zweckmäßig unter der eigenen Anschrift

   (Abschnitt 7)

4. Vertrieb anweisen, daß in jedem Fall, in dem Zweifel an der Richtigkeit von USt-IdNr. von Erwerbern bestehen, die **Überprüfung der Richtigkeit** durch das Bundesamt für Finanzen zu beantragen ist (Abschnitt 8.3)

5. Neue **Sachkonten** in der Finanzbuchhaltung einrichten:
   - Erwerbsteuer (Abschnitt 9.1)
   - Vorsteuer aus innergemeinschaftl. Erwerben (Abschnitt 9.1)
   - Verbindlichkeiten aus innergemeinschaftlichen Erwerben (Abschnitt 9.1)
   - Wareneinkauf für innergemeinschaftl. Erwerbe (Abschnitt 9.1)
   - Forderungen aus innergemeinschaftlichen Lieferungen (Abschnitt 9.2.2)
   - Erlöse aus innergemeinschaftlichen Lieferungen (Abschnitt 9.2.2)
   - Wareneingang durch Verbringen (Abschnitt 9.3.1)
   - Erlöse aus fiktiven innergemeinschaftlichen Lieferungen (Abschnitt 9.3.2)
   - Innergemeinschaftliche Lohnveredelungen, fiktive Erwerbe (Abschnitt 9.4.2)

6. Neue **Personenkonten** im Geschäftsfreundebuch einrichten:
   - Personenkonten für jeden einzelnen Binnenmarkt-Lieferanten (Abschnitt 9.1)
   - Personenkonten für jeden einzelnen Binnenmarkt-Kunden (Abschnitt 9.2.1.3; das in diesem Abschnitt mitgeteilte Muster für den Nachweis beachten)
   - Personenkonten für die innergemeinschaftlichen Lohnveredelungen (Abschnitt 9.4.2)

7. **Verrechnungskonten** einrichten:
   - Verrechnungskonto fiktive innergemeinschaftliche Erwerbe (Abschnitt 9.3.1)
   - Bei mehreren Auslieferungslägern im übrigen Gemeinschaftsgebiet für jedes einzelne Auslieferungslager ein besonderes wie ein Lieferanten-Personenkonto zu führendes Verrechnungskonto einrichten (Abschnitt 9.3.1)
   - Verrechnungskonto fiktive innergemeinschaftliche Lieferungen (Abschnitt 9.3.2)

- Bei mehreren Auslieferungslägern im übrigen Gemeinschaftsgebiet für jedes einzelne Auslieferungslager ein besonderes wie ein Kunden-Personenkonto zu führendes Verrechnungskonto einrichten (Abschnitt 9.3.2)

8. **Nachweis** der steuerfreien innergemeinschaftlichen Lieferungen sicherstellen (Abschnitt 9.2.1). Belege mit Beleghinweisen auf dem betreffenden Personenkonto des Binnenmarkt-Kunden:
   - Doppel der Rechnung
   - Lieferschein mit Angabe des Bestimmungsortes
   - Empfangsbestätigung des Abnehmers oder seines Beauftragten (bei Lieferung mit eigenem LKW)
   - Versicherung des Abnehmers oder seines Beauftragten, den Gegenstand in das übrige Gemeinschaftsgebiet zu befördern (bei Abholung durch den Erwerber mit dessen eigenem LKW)
   - Bescheinigung des beauftragten Spediteurs (bei Versendung) Ist bei Versendung durch den Spediteur des Abnehmers die Bescheinigung nicht möglich oder nicht zumutbar, genügt die Versicherung des Fahrers des Spediteurs Lieferschein nicht erforderlich
   - Bei Anfragen betr. USt-IdNr. des Kunden an das Bundesamt für Finanzen Bestätigungsschreiben beifügen

9. **Aufzeichnungen** der **vorübergehenden Verbringungen** zur eigenen Verfügung in das übrige Gemeinschaftsgebiet (Abschnitt 9.3.3)

10. **Aufzeichnungen** der **Verbringungen** in das übrige Gemeinschaftsgebiet zur Ausführung von Lohnveredelungen (Abschnitt 9.4)

11. **Aufzeichnungen** der aus dem übrigen Gemeinschaftsgebiet zur Durchführung von Lohnveredelungen **erhaltenen Gegenstände** (Abschnitt 9.4.3)

12. Zum Schluß des jeweiligen Voranmeldungszeitraums die **Konten** der Binnenmarkt-Umsätze (neben den anderen umsatzsteuerrelevanten Konten) **abschließen** und die sich ergebenden Angaben in die **USt-Voranmeldung** eintragen (Abschnitt 10.1)

13. **Termine** zum Ende eines jeden Kalendervierteljahres notieren für die Abgabe von „**Zusammenfassenden Meldungen**" an das Bundesamt für Finanzen (Abschnitt 10.2)
14. **Termine** für die Intrahandelsstatistik notieren (Abschnitt 10.3)

Anlage 1

Umsatzsteuersätze in den EG-Staaten[1]

	ermäßigter Satz	Normal-Satz	erhöhter Satz
Belgien	1/6/12	19,5	–
Dänemark	–	25	–
Deutschland	7	15	–
Griechenland	4/8	18	36
Großbritannien	–	17,5	–
Frankreich	2,1/5,5	18,6	22
Irland	2,3/10/12,5	16/21	–
Italien	4/9/12	19	38
Luxemburg	3/6	15	–
Niederlande	6	18,5	–
Portugal	5	16	30
Spanien	6	15	28

[1] nach einer Mitteilung der EG-Kommission. In: Guide to VAT in 1993. The new VAT system in the frontier-free Community. ECSC-EEC-EAEC, Brussels Luxembourg, 1992.

Anlage 2

Umsatzsteuer-Identifikationsnummern in der EG

Mitgliedstaat	Bezeichnung der Umsatzsteuer-Identifikationsnummer in Landessprache	Abkürzung	Aufbau der Umsatzsteuer-Identifikationsnummer	
			Ländercode	weitere Stellen
Belgien	Numéro T. V. A BTW-nummer	N° TVA BTW-nr.	BE	9
Dänemark	Varemodtagers moms-nr	SE-nr	DK	8
Deutschland	Umsatzsteuer-Identifikationsnummer	USt-IdNr.	DE	9
Frankreich	Numéro d'identification	–	FR	11
Griechenland	A. ϕ. M. (Tax Registration N°)	A. ϕ. M.	EL	8
Großbritannien	VAT Registration Number	VAT REG NO	GB	9/12
Irland	VAT REGISTRATION NUMBER	VAT NO	IE	8
Italien	CODICE IVA (NUMERO DI PARTITA IVA)	P. IVA	IT	11
Luxemburg	Numéro d'identification TVA	–	LU	8
Niederlande	Omzetbelastingnummer	OB nummer	NL	12
Portugal	Numero de identificação fiscal	NIPC	PT	9
Spanien	NUMERO DE IDENTIFICACION FISCAL	N. I. F.	ES	9

Anlage 3

Erwerbs- und Lieferschwellen der EG-Staaten[1)]

Mitgliedstaat	Erwerbsschwelle (§ 1a Abs. 3 Nr. 2 UStG/Artikel 28a Abs. 1 Unterabs. 2 der 6. EG-Richtlinie)	Lieferschwelle (§ 3c Abs. 3 UStG/ Artikel 28b Teil B Abs. 2 der 6. EG-Richtlinie)	Umsatzgrenze für Kleinunternehmer (§ 19 Abs. 1 UStG/ Artikel 24 Abs. 2 der 6. EG-Richtlinie)
Belgien	450 000 bfrs	1 500 000 bfrs	Sonderregelung für Kleinunternehmer soll zum 1. Januar 1993 eingeführt werden
Dänemark	80 000 dkr	280 000 dkr	Keine Sonderregelung für Kleinunternehmer
Deutschland	25 000 DM	200 000 DM	25 000 DM
Frankreich	70 000 FF	700 000 FF	70 000 FF
Griechenland	2 500 000 Dr	8 200 000 Dr	Lieferungen: 1 500 000 Dr sonstige Leistungen: 500 000 Dr Gesamt: 1 500 000 Dr
Großbritannien	36 600 £	70 000 £	36 600 £
Irland	32 000 Ir£	27 000 Ir£	32 000 Ir£
Italien	noch nicht abschließend festgelegt	noch nicht abschließend festgelegt	Keine Sonderregelung für Kleinunternehmer
Luxemburg	400 000 lfrs	4 200 000 lfrs	200 000 lfrs
Niederlande	23 000 hfl	230 000 hfl	Sonderregelung bis 2 174 hfl Jahressteuer
Portugal	1 800 000 Esc	6 300 000 Esc	Produktion und sonstige Leistung: 1 200 000 Esc kleine Einzelhändler: 1 700 000 Esc
Spanien	10 000 ECU ca. 1 300 000 Ptas	35 000 ECU ca. 4 500 000 Ptas	Keine Sonderregelung für Kleinunternehmer

1) Stand 13. 10. 1992.

Anlage 4

Merkblatt zur Erteilung von Umsatzsteuer-Identifikationsnummern in der Bundesrepublik Deutschland und der Bestätigung ausländischer Umsatzsteuer-Identifikationsnummern [1]

Inhaltsübersicht

[1] Merkblatt des BMF vom September 1992.

I. Vorbemerkung

Am 1. Januar 1993 entfallen die steuerlichen Grenzkontrollen an den Binnengrenzen in der Europäischen Gemeinschaft. Für den innergemeinschaftlichen Handelsverkehr zwischen Unternehmern tritt dann eine umsatzsteuerliche Übergangsregelung in Kraft, bei der die Waren grundsätzlich weiterhin unbelastet über die innergemeinschaftlichen Grenzen gelangen und eine Belastung mit Umsatzsteuer erst im Bestimmungsland erfolgt. Dies gilt – unter bestimmten Voraussetzungen – auch für innergemeinschaftliche Lieferungen von Unternehmern an juristische Personen, die nicht Unternehmer sind bzw. außerhalb ihres unternehmerischen Bereiches tätig werden. 1

Um die korrekte Anwendung dieser umsatzsteuerlichen Übergangsregelung zu gewährleisten, erhalten alle Beteiligten eine eigene **Umsatzsteuer-Identifikationsnummer (USt-IdNr.)**. 2

Zur Kontrolle der ordnungsgemäßen Umsatzbesteuerung des innergemeinschaftlichen Handels sind die Unternehmer verpflichtet, Zusammenfassende Meldungen über ihre steuerfreien innergemeinschaftlichen Lieferungen abzugeben. Die näheren Einzelheiten dazu enthält ein gesondertes Merkblatt. 3

Das vorliegende Merkblatt soll in erster Linie die wesentlichen Grundzüge des Verfahrens zur Erteilung von USt-IdNr. in der Bundesrepublik Deutschland und des Verfahrens der Bestätigung ausländischer USt-IdNr. darstellen. Das Verfahren zur Er- 4 teilung von USt-IdNr. ist eng mit den materiell-rechtlichen Regelungen für die Umsatzbesteuerung des innergemeinschaftlichen Handels nach 1992 verknüpft. Eine Darstellung der umsatzsteuerlichen Regelungen, die diesem Verfahren zugrunde liegen, ist im Rahmen dieses Merkblattes jedoch nur in Ansätzen möglich. Zweifelsfragen der materiell-rechtlichen Beurteilung müssen im Einzelfall anhand der gesetzlichen Regelungen geklärt werden.

II. Die Erteilung von Umsatzsteuer-Identifikationsnummern (USt-IdNr.) in der Bundesrepublik Deutschland

1. Allgemeines

5 Unternehmer, die am innergemeinschaftlichen Handel teilnehmen, erhalten für umsatzsteuerliche Zwecke neben ihrer – vom zuständigen Finanzamt erteilten – Steuernummer grundsätzlich eine eigene USt-IdNr. Dies gilt unter bestimmten Voraussetzungen auch für juristische Personen, die nicht Unternehmer sind oder außerhalb ihres unternehmerischen Bereiches Waren aus anderen Mitgliedstaaten beziehen.

6 Die USt-IdNr. wird ausschließlich vom **Bundesamt für Finanzen** erteilt. Anders als die derzeit von den Finanzämtern verwandten Steuernummern ist die USt-IdNr. jedoch kein reines Ordnungsmerkmal. Sie hat vielmehr Bedeutung für die Besteuerung des innergemeinschaftlichen Handels im Rahmen der umsatzsteuerlichen Übergangsregelung ab 1993.

Das Bundesamt für Finanzen kann eine USt-IdNr. deshalb nur an Personen und Personenvereinigungen erteilen, die bei den zuständigen Landesfinanzbehörden umsatzsteuerlich geführt werden.

2. Die Aufgaben der USt-IdNr.

Die USt-IdNr. dient vorrangig als Anzeichen dafür, daß der Inhaber der USt-IdNr. Warenbezüge aus anderen Mitgliedstaaten als **innergemeinschaftlichen Erwerb** im Sinne des § 1a UStG **versteuern muß**. 7

Lieferanten in anderen Mitgliedstaaten können deshalb grundsätzlich anhand der USt-IdNr. eines deutschen Erwerbers erkennen, daß sie steuerfrei an ihn liefern können. Ferner benötigen sie die USt-IdNr. des deutschen Erwerbers, um ihren Verpflichtungen zur Rechnungsausstellung nachkommen zu können. Schließlich müssen sie die steuerfreie innergemeinschaftliche Lieferung an einen deutschen Erwerber unter dessen deutscher USt-IdNr. in ihren Zusammenfassenden Meldungen angeben. 8

Steuerliche Bedeutung hat die USt-IdNr. des Leistungsempfängers auch als **Tatbestandsmerkmal** der Regelungen des § 3a Abs. 2 Nr. 4 UStG und des § 3b Abs. 3 bis 6 UStG über den **Ort bestimmter sonstiger Leistungen** (insbesondere innergemeinschaftliche Güterbeförderungen). 9

Die USt-IdNr. dient als Ordnungskriterium, unter dem deutsche Unternehmer beim Bundesamt für Finanzen **Zusammenfassende Meldungen** über ihre steuerfreien innergemeinschaftlichen Lieferungen abgeben müssen. 10

Gemäß § 14a UStG ist die USt-IdNr. (des Unternehmers und des Leistungsempfängers) auf **Rechnungen** anzugeben, in denen deutsche Unternehmer **über steuerfreie innergemeinschaftliche Lieferungen** im Sinne des § 6a UStG oder über sonstige Leistungen im Sinne des § 3a Abs. 2 Nr. 4 UStG oder des § 3b Abs. 3 bis 6 UStG abrechnen. 11

3. Erteilung der USt-IdNr.

12 a) Auf schriftlichen Antrag

USt-IdNr. werden grundsätzlich auf **schriftlichen Antrag** erteilt, der an das

Bundesamt für Finanzen
– Außenstelle –
Industriestraße 6
6630 Saarlouis
Telefax: 0 68 31 / 4 56 – 1 20
4 56 – 1 46

zu richten ist.

In dem formlosen Antrag sind Name und Anschrift des Antragstellers sowie die Steuernummer, unter der der Antragsteller umsatzsteuerlich geführt wird, anzugeben und das für die Umsatzbesteuerung zuständige Finanzamt zu bezeichnen (§ 27a Abs. 1 Sätze 5 und 6 UStG).

13 b) An Unternehmer, die in 1992 am innergemeinschaftlichen Handel teilnehmen

Unternehmer, die in 1992 Waren in andere Mitgliedstaaten liefern oder von dort beziehen, müssen in Zeile 18 der Umsatzsteuer-Voranmeldung 1992 (Vordruckmuster USt 1 A) bei Kennzahl 60 eine „1" eintragen. Diesen Unternehmern wird vom Bundesamt für Finanzen ab September 1992 **unaufgefordert** eine USt-IdNr. erteilt.

14 c) An Unternehmer, die in 1992 nicht am innergemeinschaftlichen Handel teilnehmen

Allen anderen vorsteuerabzugsberechtigten Unternehmern, die bei den Landesfinanzbehörden umsatzsteuerlich geführt werden, wird auf **schriftlichen Antrag** vom Bundesamt für Finanzen eine USt-IdNr. erteilt (s. Tz 12).

15 Die in Tz 13 und 14 genannten Unternehmer müssen ihre Bezüge aus anderen Mitgliedstaaten – unabhängig von der Art der Ware – regelmäßig als innergemeinschaftliche Erwerbe im Sinne des

§ 1a UStG besteuern. Sie erhalten deshalb gem. § 27a Abs. 1 Satz 1 UStG stets eine USt-IdNr.

d) Bei der erstmaligen Aufnahme einer unternehmerischen Tätigkeit 16

Bei der **erstmaligen Aufnahme einer unternehmerischen Tätigkeit** kann eine USt-IdNr. erst erteilt werden, wenn dem zuständigen Finanzamt der Beginn der unternehmerischen Tätigkeit angezeigt und mitgeteilt wurde, daß für die Teilnahme am innergemeinschaftlichen Handelsverkehr eine USt-IdNr. benötigt wird. Der Unternehmer muß sich deshalb zuerst an das für ihn zuständige Finanzamt wenden. Ein gesonderter Antrag auf Erteilung einer USt-IdNr. beim Bundesamt für Finanzen kann dann ggf. unterbleiben.

e) An nicht vorsteuerabzugsberechtigte Unternehmer, Kleinunternehmer und juristische Personen, die nicht Unternehmer sind 17

Unternehmer, die nur Umsätze tätigen, die zum vollen **Ausschluß vom Vorsteuerabzug** führen,

Kleinunternehmer, die § 19 Abs. 1 UStG anwenden und

juristische Personen, die nicht Unternehmer sind,

erhalten gem. § 27a Abs. 1 Sätze 2 und 3 UStG nur dann eine USt-IdNr., wenn sie diese **benötigen**, weil ihre Bezüge aus anderen Mitgliedstaaten im Inland als innergemeinschaftliche Erwerbe zu besteuern sind.

Gemäß § 1a Abs. 3 UStG müssen die Personen Warenbezüge aus anderen Mitgliedstaaten nur dann als innergemeinschaftliche Erwerbe versteuern, wenn für den einzelnen Erwerber der Gesamtbetrag der für derartige Bezüge (aus allen anderen Mitgliedstaaten) gezahlten Entgelte (Nettopreise ohne USt) 18

- im vorangegangenen Kalenderjahr den Betrag von 25 000 Deutsche Mark überstiegen hat und/oder
- im laufenden Kalenderjahr diesen Betrag voraussichtlich übersteigen wird.

Werden diese Schwellen nicht überschritten, wird deshalb grundsätzlich keine USt-IdNr. erteilt.

19 Diese Erwerber können gem. § 1a Abs. 4 UStG jedoch gegenüber ihrem **Finanzamt** erklären, daß sie ihre Bezüge aus anderen Mitgliedstaaten auch unterhalb dieser Schwellen für **mindestens 2 Jahre** als innergemeinschaftliche Erwerbe im Inland versteuern wollen. In diesem Fall wird eine USt-IdNr. auch erteilt, wenn die vorbezeichneten Schwellen nicht überschritten werden.

20 Ob die hier genannten Erwerber ihre Bezüge aus anderen Mitgliedstaaten im Inland als innergemeinschaftliche Erwerbe versteuern müssen, ist im Einzelfall anhand der Regelungen des UStG von dem für die Besteuerung zuständigen Finanzamt zu entscheiden. **Das Bundesamt für Finanzen kann diese Entscheidung nicht treffen.**

Da diese Erwerber bei den Landesfinanzbehörden umsatzsteuerlich regelmäßig nicht geführt werden, müssen sie diesen zunächst **anzeigen, daß sie in Zukunft innergemeinschaftliche Erwerbe im Inland versteuern müssen oder wollen.** Erst wenn dort entschieden wurde, daß dafür die Voraussetzungen vorliegen und die Erwerber infolgedessen umsatzsteuerlich geführt werden, erteilt das Bundesamt für Finanzen eine USt-IdNr. Diese Personen sollten sich deshalb an das für sie zuständige Finanzamt wenden. Ein gesonderter schriftlicher Antrag auf Erteilung einer USt-IdNr. beim Bundesamt für Finanzen kann dann ggf. unterbleiben.

21 **f) An pauschalierende Land- und Forstwirte**

Für Unternehmer, die **ausschließlich Umsätze im Rahmen eines land- und forstwirtschaftlichen Betriebes** ausführen, für die die Steuer nach den Durchschnittsätzen des § 24 UStG festgesetzt wird, gelten die in Tz 17 bis 20 dargestellten Regelungen entsprechend. Auch pauschalierende Land- und Forstwirte müssen deshalb grundsätzlich zunächst den zuständigen Landesfinanzbehörden anzeigen, daß sie Bezüge aus anderen Mitgliedstaaten im Inland als innergemeinschaftliche Erwerbe versteuern müssen und wollen. Erst dann kann diesen Unternehmern eine

USt-IdNr. erteilt werden. Ein gesonderter Antrag beim Bundesamt für Finanzen kann dann ggf. unterbleiben.

Führen pauschalierende Land- und Forstwirte innergemein- 22
schaftliche Lieferungen im Sinne des § 6a UStG aus, so müssen sie diese gem. § 18a UStG in Zusammenfassenden Meldungen angeben. Zwar gilt insoweit die Steuerbefreiung des § 4 Nr. 1 Buchstabe b UStG gem. § 24 Abs. 1 UStG nicht. Ungeachtet dessen besteht die Pflicht, Zusammenfassende Meldungen abzugeben. Gem. § 27a Abs. 1 Satz 2 UStG erhalten diese Unternehmer deshalb auch dann, wenn sie Warenbezüge aus anderen Mitgliedstaaten nicht als innergemeinschaftliche Erwerbe versteuern, eine USt-IdNr., wenn sie diese zur Abgabe von Zusammenfassenden Meldungen benötigen. In diesen Fällen ist die USt-IdNr. grundsätzlich schriftlich beim Bundesamt für Finanzen zu beantragen. Wird der Unternehmer jedoch bei den Landesfinanzbehörden umsatzsteuerlich nicht geführt, muß er sich zuerst an das für ihn zuständige Finanzamt wenden.

g) An pauschalierende Land- und Forstwirte, die gleichzeitig Umsätze im Rahmen eines gewerblichen Betriebes ausführen 23

Führen Unternehmer **sowohl** Umsätze im Rahmen eines **land- und forstwirtschaftlichen Betriebes** – für die die Steuer nach den Durchschnittsätzen des § 24 UStG festgesetzt wird – als auch Umsätze im Rahmen eines **gewerblichen Betriebes** aus, so ist bei der Beurteilung, ob Bezüge aus anderen Mitgliedstaaten als innergemeinschaftliche Erwerbe im Inland zu besteuern sind, darauf abzustellen, für welche Umsätze die bezogenen Gegenstände verwendet werden.

Werden die bezogenen Gegenstände zur Ausführung von Umsät- 24
zen im Rahmen des gewerblichen Betriebes verwendet, so ist grundsätzlich ein innergemeinschaftlicher Erwerb zu besteuern. Werden die bezogenen Gegenstände zur Ausführung von Umsätzen im Rahmen des land- und forstwirtschaftlichen Betriebes verwendet, gelten die in Tz 17 bis 20 dargestellten Einschränkungen entsprechend.

25 Diese Unternehmer erhalten für ihren gewerblichen Betrieb nach den vorstehend in Tz 13 und Tz 14 dargestellten Verfahren eine USt-IdNr. (mit oder ohne schriftlichen Antrag beim Bundesamt für Finanzen). Diese USt-IdNr. ist ggf. auch bei Bezügen von Gegenständen zu verwenden, die zur Ausführung von Umsätzen im Rahmen des land- und forstwirtschaftlichen Betriebes verwendet werden, wenn insoweit nach Maßgabe der in Tz 17 bis 20 dargestellten Regelungen ein innergemeinschaftlicher Erwerb zu besteuern ist. **Es wird also nur eine USt-IdNr. erteilt.**

26 **h) An juristische Personen, die Waren für Zwecke außerhalb ihres Unternehmens aus anderen Mitgliedstaaten beziehen**

Die in Tz 23 bis 25 dargestellte Regelung gilt sinngemäß für **juristische Personen**, die einen unternehmerischen Bereich haben (z. B. ein gemeinnütziger eingetragener Verein mit einem Zweckbetrieb) und Gegenstände aus anderen Mitgliedstaaten für ihren nichtunternehmerischen Bereich beziehen.

27 **i) An Körperschaften des öffentlichen Rechts**

Zur Erteilung von USt-IdNr. an **Körperschaften des öffentlichen Rechtes** wird ein gesondertes Schreiben des Bundesministers der Finanzen ergehen.

28 **j) An Organkreise**

Organkreise erhalten gem. § 27a Abs. 1 Satz 4 UStG auf schriftlichen Antrag beim Bundesamt für Finanzen gesonderte USt-IdNr. für den Organträger und jede einzelne Organgesellschaft, die innergemeinschaftliche Lieferungen und/oder Warenbewegungen ausführt. Der Antrag ist vom Organträger zu stellen und muß folgende Angaben enthalten:

- Steuernummer, unter der der Organkreis umsatzsteuerlich geführt wird,
- Name und Anschrift des Organträgers,
- USt-IdNr. des Organträgers (soweit bereits erteilt),
- Bezeichnung des Finanzamtes, bei dem der Organkreis umsatzsteuerlich geführt wird,

- Namen und Anschriften der einzelnen Organgesellschaften,
- Steuernummern, unter denen die Organgesellschaft ertragsteuerlich geführt werden,
- Bezeichnung der zuständigen Finanzämter, bei denen die Organgesellschaften ertragsteuerlich geführt werden.

III. Bestätigung der Gültigkeit von USt-Id-Nr., die von anderen Mitgliedstaaten erteilt wurden (Bestätigungsverfahren)

Auf Anfrage erteilt das Bundesamt für Finanzen Unternehmern Bestätigungen über die Gültigkeit von USt-IdNr., die von anderen Mitgliedstaaten erteilt wurden (§ 18 e UStG). 29

Der Unternehmer kann sich dazu schriftlich, telefonisch oder per Telekopie an das Bundesamt für Finanzen wenden. Folgende Anschlüsse stehen dafür ab September 1992 zur Verfügung: 30

Telefon: 0 68 31 / 4 56 – 0
Telefax: 0 68 31 / 4 56 – 1 20
4 56 – 1 46

Um eine Bestätigung zu erhalten, muß der Unternehmer gegenüber dem Bundesamt für Finanzen seine eigene USt-IdNr. (oder ggf. Steuernummer, unter der er umsatzsteuerlich geführt wird) und **die zu überprüfende, von einem anderen Mitgliedstaat erteilte USt-IdNr. angeben**. 31

Das Bundesamt für Finanzen teilt ihm daraufhin mit, ob die angegebene USt-IdNr. **zum Zeitpunkt der Anfrage** in dem Mitgliedstaat, der sie erteilt hat, gültig ist oder nicht (**gültig/ungültig**).

Der Unternehmer kann zusätzlich zu der zu überprüfenden USt-IdNr. **den Namen und die Anschrift des Inhabers der USt-IdNr.** angeben. Das Bundesamt für Finanzen teilt ihm daraufhin mit, ob die angegebene USt-IdNr. für den angegebenen Inhaber unter der angegebenen Anschrift in dem Mitgliedstaat, der die USt-IdNr. erteilt hat, gültig ist oder nicht (gültig/ungültig). **Trifft mindestens eine Angabe nicht zu, so lautet die Bestätigung „ungültig“**. 32

33 Bestätigungen werden so schnell wie möglich erteilt. Bei telefonischen Anfragen werden Bestätigungen grundsätzlich unmittelbar erteilt.

Anfragen nach Bestätigung von **mehr als 10 USt-IdNr.** sind schriftlich zu stellen.

Über **positive Bestätigungen** (= gültig) erteilt das Bundesamt für Finanzen **schriftliche Mitteilungen**.

34 **Hinweis**:

Um die Gültigkeit von USt-IdNr. anderer Mitgliedstaaten zu bestätigen, muß das Bundesamt für Finanzen die dazu erforderlichen Informationen bei anderen Mitgliedstaaten abrufen. Eine Speicherung dieser Informationen im Hinblick auf eine zukünftige Nutzung ist gemeinschaftsrechtlich nicht zulässig.

Die Gültigkeit ausländischer USt-IdNr. kann aus diesen Gründen voraussichtlich erst ab 1. Januar 1993 bestätigt werden, weil der dazu erforderliche Informationsaustausch zwischen den Mitgliedstaaten erst ab diesem Datum in Kraft tritt.

Anlage 5

- Weiße Felder bitte ausfüllen, Anleitung beachten -

Umsatzsteuer-Identifikations-nummer (USt-IdNr.)

D E

Eingangsstempel BfF

Bundesamt für Finanzen
– Außenstelle Saarlouis –
Industriestr. 6
6630 Saarlouis

Zusammenfassende Meldung

über innergemeinschaftliche Warenlieferungen und Warenbewegungen

Unternehmer – Art und Anschrift – Telefon

Meldezeitraum
Jahreszahl bitte ergänzen

1. Quartal	01	9
2. Quartal	02	9
3. Quartal	03	9
4. Quartal	04	9
Kalenderjahr	05	9

Berichtigte Meldung (falls ja, bitte „1" eintragen). 06

Einlagebogen Anzahl

Ich versichere, die Angaben in dieser Zusammenfassenden Meldung wahrheitsgemäß nach bestem Wissen und Gewissen gemacht zu haben.

Hinweis
Wer vorsätzlich oder leichtfertig entgegen seinen Verpflichtungen gem. § 18 a Umsatzsteuergesetz (UStG) eine Zusammenfassende Meldung nicht, nicht richtig, nicht vollständig oder nicht rechtzeitig abgibt oder nicht bzw. nicht rechtzeitig berichtigt, handelt ordnungswidrig. Die Ordnungswidrigkeit kann mit einer Geldbuße bis zu zehntausend Deutsche Mark geahndet werden (§ 26 a UStG). Wird dadurch eine Hinterziehung oder Verkürzung von USt in einem anderen Mitgliedstaat der Europäischen Gemeinschaft unterstützt, so kann dies eine straf- oder ordnungswidrigkeitsrechtliche Ahndung nach sich ziehen (§ § 370, 379 der Abgabenordnung -AO-).

Bei der Anfertigung dieser Zusammenfassenden Meldung hat mitgewirkt:

Name, Anschrift, Telefon

Datum, Unterschrift

Hinweis nach den Vorschriften der Datenschutzgesetze: Die mit der Zusammenfassenden Meldung angeforderten Daten werden aufgrund der § § 149 ff. AO und § 18 a UStG erhoben. Die Angaben der Telefonnummern sind freiwillig.

Meldung der Warenlieferungen (§ 18 a Abs. 4 Nr. 1 u. 2 UStG) und Warenbewegungen (§ 18 a Abs. 4 Nr. 3 UStG)

Bitte füllen Sie für jeden Erwerber nur einer Zeile aus				
1		2		3
Länder-kenn-zeichen	USt-IdNr. des Erwerbers/Unternehmers/Auftraggebers in einem anderen Mitgliedstaat	Summe der Bemessungsgrundlagen volle DM	Pf	Hinweis auf Werk-leistung/Waren-bewegung (falls ja, bitte „1" eintragen)
			—	
			—	
			—	
			—	
			—	
			—	
			—	
			—	
			—	
			—	
			—	
			—	
			—	
			—	
			—	
			—	
			—	
			—	
			—	
			—	
			—	
			—	

Anlage 6

– Weiße Felder bitte ausfüllen oder ☒ ankreuzen, Anleitung beachten –

1993

Fallart	Steuernummer	Unterfallart
11		56

30 Eingangsstempel oder -datum

Finanzamt

Unternehmen – Art und Anschrift – Telefon

Umsatzsteuer-Voranmeldung 1993

Voranmeldungszeitraum

bei **monatlicher** Abgabe bitte ankreuzen

93 01	Jan.		93 07	Juli	
93 02	Feb.		93 08	Aug.	
93 03	März		93 09	Sept.	
93 04	April		93 10	Okt.	
93 05	Mai		93 11	Nov.	
93 06	Juni		93 12	Dez.	

bei **vierteljährlicher** Abgabe bitte ankreuzen

93 41	I. Kalendervierteljahr	
93 42	II. Kalendervierteljahr	
93 43	III. Kalendervierteljahr	
93 44	IV. Kalendervierteljahr	

Berichtigte Anmeldung (falls ja, bitte eine „1" eintragen) 10

I. Anmeldung der Umsatzsteuer-Vorauszahlung

Zeile		Kz.	Bemessungsgrundlage volle DM	Kz.	Steuer DM	Pf
19	**Steuerfreie Umsätze mit Vorsteuerabzug**					
20	**Innergemeinschaftliche Lieferungen** (§ 4 Nr. 1 b UStG) an Abnehmer **mit** USt-IdNr.	41				
21	neuer Fahrzeuge an Abnehmer **ohne** USt-IdNr.	44				
22	neuer Fahrzeuge außerhalb des Unternehmens (§ 2 a UStG)	49				
23	**Weitere steuerfreie Umsätze mit Vorsteuerabzug** (z.B. Umsätze nach § 4 Nr. 1 a, 2 bis 7 UStG)	43				
24	**Steuerfreie Umsätze ohne Vorsteuerabzug**					
25	Umsätze nach § 4 Nr. 8 bis 28 UStG	48				
26	**Steuerpflichtige Umsätze**					
27	zum Steuersatz von 15 v.H. (für Umsätze ab 1.1.1993)	50				
28	zum Steuersatz von 14 v.H. (für Umsätze bis zum 31.12.1992)	85				
29	zum Steuersatz von 7 v.H.	86				
30	Umsätze, die anderen Steuersätzen unterliegen	35		36		
31	**Umsätze land- und forstwirtschaftlicher Betriebe nach § 24 UStG**					
32	Lieferungen in das übrige Gemeinschaftsgebiet an Abnehmer **mit** USt-IdNr.	77				
33	Umsätze, für die eine Steuer nach § 24 Abs.1 UStG zu entrichten ist (Sägewerkserzeugnisse, Getränke und alkoholische Flüssigkeiten)	76		80		
34	**Summe der steuerfreien und steuerpflichtigen Umsätze**					
35	**Steuerfreie innergemeinschaftliche Erwerbe**					
36	Erwerbe nach § 4 b UStG	91				
37	**Steuerpflichtige innergemeinschaftliche Erwerbe** (§ 1 a UStG)					
38	von Lieferern **mit** USt-IdNr. zum Steuersatz von 15 v.H.	92				
39	von Lieferern **mit** USt-IdNr. zum Steuersatz von 7 v.H.	93				
40	**neuer Fahrzeuge** von Lieferern **ohne** USt-IdNr. zum Steuersatz von 15 v.H.	94				
41	**Summe der steuerfreien und steuerpflichtigen Erwerbe**					
42	Steuer infolge Wechsels der Besteuerungsart/-form sowie Nachsteuer auf versteuerte Anzahlungen wegen Steuersatzerhöhung			65		
43	**Umsatzsteuer**		zu übertragen in Zeile 45			

USt 1 A – Umsatzsteuer-Voranmeldung 1993 –

– 2 –

	Kz	Steuer DM	Pf
Übertrag			

Abziehbare Vorsteuerbeträge

	Kz	Steuer DM	Pf
Vorsteuerbeträge aus Rechnungen von anderen Unternehmern (§ 15 Abs. 1 Nr. 1 UStG)	66		
Vorsteuerbeträge aus dem innergemeinschaftlichen Erwerb von Gegenständen (§ 15 Abs. 1 Nr. 3 UStG)	61		
entrichtete Einfuhrumsatzsteuer (§ 15 Abs. 1 Nr. 2 UStG)	62		
Vorsteuerbeträge, die nach allgemeinen Durchschnittsätzen berechnet sind (§§ 23 und 23 a UStG)	63		
Berichtigung des Vorsteuerabzugs (§ 15 a UStG)	64		

Kürzungen nach dem BerlinFG

	Kz	Bemessungsgrundlage volle DM	Pf	Kz	Steuer DM	Pf
für diesen Voranmeldungszeitraum nach § 1 Abs. 1 bis 4 BerlinFG	21		—	22		
nach § 1 Abs. 5 BerlinFG – Überlassung von Filmen – zu 1,5 v.H.	23		—			
nach § 1 Abs. 6 BerlinFG – sonstige Leistungen – zu 2,5 v.H.	33		—			
nach § 1 a BerlinFG – Innenumsätze –	37		—	87		
für frühere Voranmeldungszeiträume nach §§ 1, 1 a und 2 BerlinFG	57		—	58		
Zwischensumme						
In Rechnungen unberechtigt ausgewiesene Steuerbeträge (§ 14 Abs. 2 und 3 UStG) sowie Steuerbeträge, die nach § 6 a Abs. 4 Satz 2 und § 17 Abs. 1 Satz 2 UStG geschuldet werden				69		
Zwischensumme						
Anrechnung (Abzug) der festgesetzten **Sondervorauszahlung** für Dauerfristverlängerung (nur auszufüllen in der letzten Voranmeldung des Besteuerungszeitraums, in der Regel Dezember)				39		
Umsatzsteuer-Vorauszahlung (Bitte in jedem Fall ausfüllen) **Überschuß** (rot eintragen oder mit Minuszeichen versehen)				83		

(kann auf 10 Pf zu Ihren Gunsten gerundet werden)

II. Anmeldung der Umsatzsteuer im Abzugsverfahren (§§ 51 bis 56 UStDV)

	Bemessungsgrundlage volle DM	Pf	Kz	Steuer DM	Pf
Leistungen, für die nach § 52 Abs. 2 UStDV – sog. Null-Regelung – keine Umsatzsteuer einbehalten worden ist		—			
Einzubehaltende Umsatzsteuer zum Steuersatz von 15 v.H.		—			
Einzubehaltende Umsatzsteuer zu anderen Steuersätzen		—			
Umsatzsteuer im Abzugsverfahren			75		

(kann auf 10 Pf zu Ihren Gunsten gerundet werden)

Ein Erstattungsbetrag wird auf das dem Finanzamt benannte Konto überwiesen, soweit nicht eine Verrechnung mit Steuerschulden vorzunehmen ist.

Verrechnung des Erstattungsbetrages erwünscht (falls ja, bitte eine „1" eintragen) | 29 | |

Geben Sie bitte die Verrechnungswünsche auf einem besonderen Blatt oder auf dem beim Finanzamt erhältlichen Vordruck „Verrechnungsantrag" an.

Die **Einzugsermächtigung** wird ausnahmsweise (z.B. wegen Verrechnungswünschen) für diesen Voranmeldungszeitraum **widerrufen** (falls ja, bitte eine „1" eintragen) | 26 | |

Ich versichere, die Angaben in dieser Steueranmeldung wahrheitsgemäß nach bestem Wissen und Gewissen gemacht zu haben.

Bei der Anfertigung dieser Steueranmeldung hat mitgewirkt:

Datum, Unterschrift

Hinweis nach den Vorschriften der Datenschutzgesetze:
Die mit der Steueranmeldung angeforderten Daten werden aufgrund der §§ 149 ff. der Abgabenordnung und der §§ 18, 18 b des Umsatzsteuergesetzes erhoben.
Die Angabe der Telefonnummer ist freiwillig.

Vom Finanzamt auszufüllen

Bearbeitungshinweis

1. Die aufgeführten Daten sind mit Hilfe des geprüften und genehmigten Programms sowie ggf. unter Berücksichtigung der gespeicherten Daten maschinell zu verarbeiten.
2. Die weitere Bearbeitung richtet sich nach den Ergebnissen der maschinellen Verarbeitung.

Datum, Namenszeichen/Unterschrift

11		19	
		12	

Kontrollzahl und/oder Datenerfassungsvermerk

Anlage 7

Umsatzsteuerbefreiung für innergemeinschaftliche Lieferungen – Aussetzung der Umsatzsteuer-Identifikationsnummer

BMF-Schreiben vom 1.12.1992 IV A 3 – S 7141 – 3/92

Nach § 6 a Abs. 3 UStG müssen die Voraussetzungen einer innergemeinschaftlichen Lieferung vom Unternehmer nachgewiesen werden. Hierzu gehört nach § 17 c Abs. 1 UStDV als buchmäßiger Nachweis die Aufzeichnung der Umsatzsteuer-Identifikationsnummer des Abnehmers.

Unter Bezugnahme auf das Ergebnis der Erörterung mit den obersten Finanzbehörden der Länder wird zur Vermeidung von Übergangsschwierigkeiten die fehlende Aufzeichnung der Umsatzsteuer-Identifikationsnummer unter den folgenden Voraussetzungen nicht beanstandet:

1. Die Lieferung wird vor dem 1. April 1993 ausgeführt.
2. Die Lieferung erfolgt nicht im Einzelhandel oder in einer für den Einzelhandel gebräuchlichen Art und Weise (vgl. § 17 c Abs. 2 Nr. 2 UStDV).
3. Die außer der Aufzeichnung der Umsatzsteuer-Identifikationsnummer nach den §§ 17 a bis 17 c UStDV erforderlichen Nachweise für die Inanspruchnahme der Steuerbefreiung liegen vor.
4. Der Abnehmer gibt gegenüber dem Unternehmer die schriftliche Erklärung ab, daß er die Erteilung einer Umsatzsteuer-Identifikationsnummer beantragt hat und daß die Voraussetzungen für die Erteilung vorliegen.

Anlage 8

Änderungen in der DATEV-Fibu ab 1. 1. 1993

1 Neue Umsatzsteuerschlüssel

Mit bestimmten Kontenfunktionen oder speziellen Umsatzsteuerschlüsseln können Sie ab 1.1.93 in die DATEV-Erfassungsprogramme EG-Buchungen eingeben. Für die neuen umsatzsteuerlichen Vorgänge gibt es neue EG-Berichtigungs- und EG-Umsatzsteuerschlüssel (BU-Schlüssel).

Tabelle der EG-Berichtigungs- und EG-Umsatzsteuerschlüssel:

BU-Schlüssel (EG-Umsatzsteuerschlüssel)	EG-Sachverhalt
10	nicht steuerbarer Umsatz in Deutschland mit Steuerpflicht im anderen EG-Land
11	steuerfreie innergemeinschaftliche Lieferung an Abnehmer mit USt-IdNr.
12/13	steuerpflichtige innergemeinschaftliche Lieferung zum ermäßigten (7 %) bzw. vollen Steuersatz (15 %) in Deutschland
18/19	steuerpflichtiger innergemeinschaftlicher Erwerb zum ermäßigten (7 %) bzw. vollen Steuersatz (15 %) in Deutschland; automatische Errechnung der Erwerbsteuer (Umsatzsteuer) und der anrechenbaren Vorsteuer
14–17	nicht berechtigt
6 X	jeweils Generalumkehr zu 1 X

2 Bedeutung der Umsatzsteuer-Identifikationsnummer (USt-IdNr.)

Die USt-IdNr. ist ein „Umsatzsteuer-Binnenmarktpaß“ für alle mit EG-Handel befaßten Mandanten.

Die Vorschriften des steuerfreien, innergemeinschaftlichen Warenverkehrs setzen voraus, daß die Geschäftspartner USt-IdNr. verwenden. Gibt der deutsche Unternehmer als Erwerber keine USt-IdNr. an, so wird der im übrigen Gemeinschaftsgebiet ansässige Umsatzpartner nicht bereit sein, die an den Erwerber bewirkte innergemeinschaftliche Lieferung steuerfrei zu lassen. Auch das innergemeinschaftliche umsatzsteuerliche Kontrollverfahren beruht darauf, daß die beteiligten Unternehmer eine USt-IdNr. erhalten. Die USt-IdNr. der Mandanten hinterlegen Sie in den FIBU-MPD. Die USt-IdNr. Ihres Geschäftspartners für innergemeinschaftliche Lieferungen müssen Sie in Ihrer Buchhaltung festhalten.

DATEV sieht zwei Möglichkeiten vor, die USt-IdNr. einzugeben:

1. die USt-IdNr. bei Personenkonten unter der Abr.-Nr. 189JJ hinterlegen.
2. die USt-IdNr. im Buchungssatz eingeben.

Zur 1. Möglichkeit: USt-IdNr. bei Personenkonten unter Abr.-Nr. 189JJ hinterlegen

Die DATEV empfiehlt Ihnen, bei längerfristigen Geschäftsbeziehungen die USt-IdNr. bei Personenkonten zu hinterlegen.

Die gespeicherte USt-IdNr. wird dann bei Auswertung der Zusammenfassenden Meldungen (ZM) herangezogen. FIBU-Anwender können die USt-IdNr. über Abr.-Nr. 189JJ auch dann eingeben, wenn Sie OPOS nicht anwenden.

3 Neue EG-Kennziffern für Mandanten-Programmdaten

Kennziffer	Feldbezeichnung	Feldinhalt
101	Ersteing. Änderung	1/2
160	LKZ+USt-IdNr.	
161	Zusammen- fassende Meldung	1 vierteljährl. 2 jährl. 3 ZM auf Abruf 0 Löschung
162	Datenträger- austausch	1 xxxx 0 xxxx
163	Rückübertragung	1 0
164	Anzahl der ZM	1–9

4 Neue EG-Kennziffern für Personalkonten-Stammdaten

Abr.-Nr.	Mandant	Kennziffer	Feldbezeichnung	Feldinhalt
189/93		101	Ersteing. Änderung	1/2
		102	Konto	10000– 99999
		103	Name	
		500	LKZ+USt-IdNr.	

- Ab 1993 Freigabe für FIBU-Anwender ohne OPOS
- Ab 1993 Freigabe für Sachkontenbeschriftung zulässig

5 Funktionstabelle für Aktivfunktionen (AV, AM)

Steuerlicher Sachverhalt		**Funktions-Nummer**	**Beschreibung**
Steuerfreier innergemeinschaftlicher Erwerb nach § 4b UStG	AV	52 000	Steuerfreier innergemeinschaftlicher Erwerb nach § 4b UStG. Beträge werden aufgrund dieser Funktion in der Umsatzsteuer-Voranmeldung ausgewiesen (Kennzahl 91).
Steuerpflichtiger innergemeinschaftlicher Erwerb von Neufahrzeugen von Lieferanten ohne USt-IdNr.	AV	53 001	Aufgrund dieser Funktion wird von dem eingegebenen Nettobetrag der deutsche Normalsatz von zur Zeit 15 % errechnet. Die Erwerbsteuer (Umsatzsteuer) wird auf ein Konto mit der Sammelfunktion 73 000 automatisch gebucht. Die anrechenbare Vorsteuer fließt auf das Konto mit der Sammelfunktion 53 000. Der Ausweis in der UStVA erfolgt in der Kennziffer 94 „Steuerpflichtige innergemeinschaftliche Erwerbe von Lieferern ohne USt-IdNr. zum Steuersatz von 15 %" (Bemessung und Steuer) und in der Kennziffer 61 „Vorsteuerbeträge aus dem innergemeinschaftlichen Erwerb von Gegenständen".
Steuerpflichtiger innergemeinschaftlicher Erwerb	AV	54 xxx (001) (002)	Aufgrund dieser Funktion wird von dem eingegebenen Nettobetrag der deutsche Normalsatz von zur Zeit 15 % bei Steuersatzschlüssel „001" bzw. der ermäßigte Steuersatz von zur Zeit 7 % bei Steuersatzschlüssel „002" errechnet. Die Erwerbsteuer (Umsatzsteuer) wird auf ein Konto mit der Sammelfunktion 74 150 (15 %) bzw. 74 070 (7 %) automatisch gebucht. Die anrechenbare Vorsteuer fließt auf das Konto mit der Sammelfunktion 54 150 (15 %) bzw. 54 070 (7 %). Der Ausweis in der UStVA erfolgt in der Kennziffer 92 „Steuerpflichtige innergemeinschaftliche Erwerbe von Lieferern mit USt-IdNr. zum Steuersatz von 15 v.H." bzw. in der Kennziffer 93 „Steuerpflichtige innergemein-

Steuerlicher Sachverhalt		Funktions-Nummer	Beschreibung
			schaftliche Erwerbe von Lieferern mit USt-IdNr. zum Steuersatz von 7 v.H." und in der Kennziffer 61 „Vorsteuerbeträge aus dem innergemeinschaftlichen Erwerb von Gegenständen".
Steuerpflichtiger innergemeinschaftlicher Erwerb	AV	55 xxx	Diese Funktion arbeitet wie die Funktion 54 xxx. Zusätzlich kann aufgrund eines Faktors (Faktor 2) ein bestimmter %-Satz des Nettobetrages auf von Ihnen festgelegten Konten gebucht werden. Diese Funktion wird standardmäßig nicht eingerichtet und kann von Ihnen individuell auf Konten gespeichert werden. Der Ausweis in der UStVA erfolgt in den Kennziffern 61, 92 und 93 (siehe Funktion 54 xxx).
Steuerpflichtiger innergemeinschaftlicher Erwerb ohne Vorsteuer-Abzug	AV	58 xxx (001) (002)	Aufgrund dieser Funktion wird von dem eingegebenen Nettobetrag Erwerbsteuer (Umsatzsteuer) zum deutschen Normalsatz von zur Zeit 15 % bei Steuersatzschlüssel „001" bzw. der ermäßigte Steuersatz von zur Zeit 7 % bei Steuersatzschlüssel „002" errechnet. Die Erwerbsteuer fließt auf ein Konto mit der Sammelfunktion 78 000. In der UStVA erfolgt der Ausweis in Kennziffer 92 bzw. 93. Der eingegebene Nettobetrag des Kontos mit der Funktion 58 xxx wird um den Betrag der nicht anrechenbaren Vorsteuer erhöht.
Leistungen, für die nach § 52 Abs. 2 UStDV – sog. Null-Regelung – keine Umsatzsteuer einbehalten worden ist.	AV	59 000	Keine Steuerrechnung. Beträge werden aufgrund dieser Funktion in der UStVA ausgewiesen (Zeile 66).

Steuerlicher Sachverhalt		Funktions-Nummer	Beschreibung
Steuerpflichtige EG-Lieferung in der BRD an Privat oder diesen gleichgestellten Unternehmern bei Unterschreiten der Lieferschwelle.	AM	60 xxx (001) (002)	Aufgrund dieser Funktion wird aus dem Bruttobetrag der Prozentsatz von derzeit 15 % bei Steuersatzschlüssel „001" bzw. 7 % bei „002" errechnet und auf Konten mit der Sammelfunktion 60 xxx gesammelt. Beträge werden aufgrund dieser Funktion in der Umsatzsteuer-Voranmeldung ausgewiesen (Kennzahl 50 bzw. 86).
Steuerpflichtige EG-Lieferung an Privat oder diesen gleichgestellten Unternehmern in der BRD, bei Unterschreiten der Lieferschwelle.	AM	61 xxx	Diese Funktion arbeitet wie die Funktion 60 xxx. Zusätzlich kann aufgrund eines Faktors (Faktor 2) ein bestimmter %-Satz des Nettobetrages auf von Ihnen festgelegten Konten gebucht werden. Diese Funktion wird standardmäßig nicht eingerichtet und kann von Ihnen individuell auf Konten eingerichtet werden. Der Ausweis in der UStVA erfolgt in den Kennziffern 50 bzw. 86 (siehe Funktion 60 xxx).
In BRD nicht steuerbarer Umsatz – im anderen EG-Land steuerpflichtiger Umsatz (ausländische %-Sätze).	AM	62 xxx	Aufgrund dieser Funktion wird aus dem eingegebenen Bruttobetrag ausländische Umsatzsteuer errechnet. Die Funktion ist für Versendungen bzw. Beförderung von Gegenständen an Privat bestimmt, die im Bestimmungsland steuerpflichtig werden. Der Steuerbetrag wird auf dem Sammelkonto mit der Sammelfunktion 62 000 gebucht. Die Aktivfunktion 62 xxx ist im Standardkontenrahmen nicht enthalten. Sie kann vom Anwender genutzt werden, um sich individuell Konten gezielt für EG-Länder einzurichten. In der Anlage findet sich die Steuersatztabelle für die EG-Länder. In der deutschen UStVA finden die Buchungen auf Konten mit diesen Funktionen keine Berücksichtigung. In den anderen EG-Staaten entsteht Steuerdeklarationspflicht.

Steuerlicher Sachverhalt		**Funktions-Nummer**	**Beschreibung**
In BRD nicht steuerbarer Umsatz – im anderen EG-Land steuerpflichtiger Umsatz (ausländische %-Sätze).	AM	63 xxx	Diese Funktion arbeitet wie die Funktion 62 xxx. Zusätzlich kann aufgrund eines Faktors (Faktor 2) ein bestimmter %-Satz des Nettobetrages auf von Ihnen festgelegten Konten gebucht werden. Konten mit dieser Funktion werden standardmäßig nicht eingerichtet. Sie können sich individuell Konten mit dieser Funktion definieren.
In BRD nicht steuerbarer Umsatz – im anderen EG-Land steuerpflichtiger Umsatz aus sonstigen Leistungen (ausländische %-Sätze).	AM	64 xxx	Aufgrund dieser Funktion wird aus dem eingegebenen Bruttobetrag ausländische Umsatzsteuer errechnet. Die Funktion ist für bestimmte sonstige Leistungen bestimmt, die im Bestimmungsland steuerpflichtig werden, sofern es in den anderen EG-Staaten keine zum deutschen Umsatzsteuerrecht analoge „Nullregelung" gibt. Der Steuerbetrag wird auf dem Sammelkonto mit der Sammelfunktion 64 000 gebucht. Die Aktivfunktion 64 xxx ist im Standardkontenrahmen nicht enthalten. Sie kann vom Anwender genutzt werden, um sich individuell Konten gezielt für EG-Länder einzurichten. In der Anlage findet sich die Steuersatztabelle für die EG-Länder. In der deutschen UStVA finden die Buchungen auf Konten mit diesen Funktionen keine Berücksichtigung. In den anderen EG-Staaten entsteht in bestimmten Fällen Steuerdeklarationspflicht.
In BRD nicht steuerbarer Umsatz – im anderen EG-Land steuerpflichtiger Umsatz aus sonstigen Leistungen (ausländische %-Sätze).	AM	65 xxx	Diese Funktion arbeitet wie die Funktion 64 xxx. Zusätzlich kann aufgrund eines Faktors (Faktor 2) ein bestimmter %-Satz des Nettobetrages auf von Ihnen festgelegten Konten gebucht werden. Konten mit dieser Funktion werden standardmäßig nicht eingerichtet. Sie können sich individuell Konten mit dieser Funktion definieren.

Steuerlicher Sachverhalt		Funktions-Nummer	Beschreibung
Abzugsverfahren im Ausland. (Nullregelung analog BRD im Ausland)	AM	64 000	Sonstige Leistungen, für die im Ausland die Nullregelung analog BRD gilt.
Abzugsverfahren im Ausland. (Nullregelung analog BRD im Ausland)	AM	65 000	Diese Funktion arbeitet wie die Funktion 64 000. Zusätzlich kann aufgrund eines Faktors (Faktor 2) ein bestimmter %-Satz des Nettobetrages auf von Ihnen festgelegten Konten gebucht werden. Konten mit dieser Funktion werden standardmäßig nicht eingerichtet. Sie können sich individuell Konten mit dieser Funktion definieren.
Steuerfreie innergemeinschaftliche Lieferungen (§ 4 Nr. 1b UStG) an Abnehmer mit USt-IdNr.	AM	74 000	Steuerfrei. Der Ausweis in der UStVA erfolgt in der Kennziffer 41 „Innergemeinschaftliche Lieferungen (§ 4 Nr. 1b UStG) an Abnehmer mit USt-IdNr.“. Buchungen auf derartige Konten werden für die Zusammenfassende Meldung berücksichtigt, sofern im Buchungssatz die USt-IdNr. des EG-Geschäftspartners eingegeben wird. Die Eingabe der USt-IdNr. im Buchungssatz ist nicht erforderlich, wenn in den Debitorenstammdaten die USt-IdNr. hinterlegt wird.
Steuerfreie innergemeinschaftliche Lieferungen (§ 4 Nr. 1b UStG) an Abnehmer mit USt-IdNr.	AM	75 000	Diese Funktion arbeitet wie die Funktion 74 000. Zusätzlich kann aufgrund eines Faktors (Faktor 2) ein bestimmter %-Satz des Nettobetrages auf von Ihnen festgelegten Konten gebucht werden.
Steuerfreie innergemeinschaftliche Lieferung neuer Fahrzeuge an Abnehmer ohne USt-IdNr.	AM	76 000	Steuerfrei. Der Ausweis in der UStVA erfolgt in der Kennziffer 44 „Innergemeinschaftliche Lieferungen (§ 4 Nr. 1b UStG) neuer Fahrzeuge an Abnehmer ohne USt-IdNr.“.
Steuerfreie innergemeinschaftliche Lieferung neuer Fahrzeuge an Abnehmer ohne USt-IdNr.	AM	77 000	Diese Funktion arbeitet wie die Funktion 76 000. Zusätzlich kann aufgrund eines Faktors (Faktor 2) ein bestimmter %-Satz des Nettobetrages auf von Ihnen festgelegten Konten gebucht werden.

Steuerlicher Sachverhalt		Funktions-Nummer	Beschreibung
Steuerfreie innergemeinschaftliche Lieferung bei aktiver Lohnveredelung	AM	67 000	Steuerfrei. Der Ausweis in der UStVA erfolgt in der Kennziffer 41 „Innergemeinschaftliche Lieferungen (§ 4 Nr. 1b UStG) an Abnehmer mit USt-IdNr.“. Buchungen auf derartige Konten werden für die Zusammenfassende Meldung berücksichtigt, sofern im Buchungssatz die USt-IdNr. des EG-Geschäftspartners eingegeben wird. Die Eingabe der USt-IdNr. im Buchungssatz ist nicht erforderlich, wenn in den Debitorenstammdaten die USt-IdNr. hinterlegt wird. Zusätzlich wird das Merkmal „1“ in der Sonderspalte 3 „Hinweis auf Werkleistung . . .“ der Zusammenfassenden Meldung gesetzt.

Funktionstabelle für Passivfunktionen

Steuerlicher Sachverhalt		Funktions-Nummer	Beschreibung
Sammlung von Vorsteuer aus steuerpflichtigen innergemeinschaftlichen Erwerben von Neufahrzeugen von Lieferanten ohne USt-IdNr.	S	53 000	Auf Konten mit dieser Funktion wird automatisch die Vorsteuer gesammelt, die aufgrund einer Aktivfunktion (automatisches Konto mit Funktion 53 xxx) errechnet wurde.
Sammlung der Erwerbsteuer (Umsatzsteuer fällig) aus steuerpflichtigen innergemeinschaftlichen Erwerben von Neufahrzeugen von Lieferanten ohne USt-IdNr.	S	73 000	Auf Konten mit dieser Funktion wird automatisch die Umsatzsteuer gesammelt, die aufgrund einer Aktivfunktion (automatisches Konto Funktion 53 xxx) errechnet wurde.
Sammlung der Vorsteuer aus steuerpflichtigen innergemeinschaftlichen Erwerben	S	54 xxx (070) (150)	Auf Konten mit dieser Funktion wird automatisch die Vorsteuer gesammelt, die aufgrund einer Aktivfunktion (automatisches Konto 54 xxx/55 xxx) oder eines Umsatzsteuerschlüssels 18 für 7 % bzw. 19 für 15 % errechnet wurde.
Sammlung der Erwerbsteuer (Umsatzsteuer fällig) aus steuerpflichtigen innergemeinschaftlichen Erwerben	S	74 xxx (070) (150)	Auf Konten mit dieser Funktion wird die Umsatzsteuer automatisch gesammelt, die aufgrund einer Aktivfunktion (automatisches Konto Funktion 54 xxx/55 xxx)oder eines Umsatzsteuerschlüssels 18 für 7 % bzw. 19 für 15 % errechnet wurde.
Sammlung der Erwerbsteuer (Umsatzsteuer fällig) aus steuerpflichtigen innergemeinschaftlichen Erwerben ohne Vorsteuer-Abzug	S	78 000	Auf Konten mit dieser Funktion wird automatisch die Umsatzsteuer gesammelt, die aufgrund einer Aktivfunktion (automatisches Konto Funktion 58 xxx) errechnet wurde.

Steuerlicher Sachverhalt		**Funktions-Nummer**	**Beschreibung**
Sammlung der Umsatzsteuer aus in der BRD steuerpflichtigen EG-Lieferungen (an Privat, sofern Lieferschwelle unterschritten)	S	60 xxx (070) (150)	Auf Konten mit dieser Funktion wird die Umsatzsteuer automatisch gesammelt, die aufgrund einer Aktivfunktion (automatisches Konto Funktion 60 xxx/61 xxx) oder des Umsatzsteuerschlüssels 12 für 7 % bzw. 13 für 15 % errechnet wurde.
Sammlung der ausländischen Umsatzsteuer bei Lieferung an Privat	S	62 000	Auf Konten mit dieser Funktion wird die ausländische Umsatzsteuer gesammelt, die aufgrund des Umsatzsteuerschlüssels 10 in Kombination mit dem ausländischen Steuersatz aus dem EG-Fenster errechnet wurde. Bei individueller Einrichtung von den Aktivfunktionen 62 xxx/63 xxx wird die entsprechende ausländische Steuer auf das Konto mit dieser Sammelfunktion gesammelt. Für den jeweiligen Prozentsatz (siehe Steuersatzschlüssel der ausländischen Steuersätze) kann ein eigenes Konto individuell eingerichtet werden. Es erfolgt keine Abfrage für die deutsche UStVA.
Sammlung ausländischer Umsatzsteuer aus sonstigen Leistungen	S	64 000	Diese Funktion wirkt analog der Sammelfunktion 62 000, jedoch wird hier die ausländische Steuer aus sonstigen Leistungen gesammelt, sofern individuelle Konten mit Automatik-Funktion 64 xxx/65 xxx bebucht wurden.

Funktionstabelle für allgemeine Funktionen (F)

Steuerlicher Sachverhalt		Funktions-Nummer	Beschreibung
Warenabgang passive Lohnveredelung		19 000	Führt in der ZM zur Kennzeichnung „1" in der Spalte „Hinweis auf Werkleistung/Warenbewegung". Buchungen auf derartige Konten werden für die Zusammenfassende Meldung berücksichtigt, sofern im Buchungssatz die USt-IdNr. des EG-Geschäftspartners eingegeben wird. Die Eingabe der USt-IdNr. im Buchungssatz ist nicht erforderlich, wenn in den Debitorenstammdaten die USt-IdNr. hinterlegt wird.
Umsatzsteuer im Abzugsverfahren		88 xxx (150)	Buchung des einbehaltenen Steuerbetrages. Automatische Errechnung der Bemessungsgrundlage über den Steuersatzschlüssel (Zeile 67 Steuersatz 15 %, Zeile 68 sonstige Steuersätze).

EG-Steuersatztabelle für die Einrichtung von neuen EG-Aktivfunktionen

(zeitabhängige Steuersatzschlüssel) – (Stand: September 1992)

EG-Land	Länder-Kürzel	Steuer-schlüssel	Null-satz	Steuer-schlüssel	ermäßigter Satz	Steuer-schlüssel	Normal-Satz	Steuer-schlüssel	erhöhter Satz
Belgien	BE	630	j	634 631 632	1 % 6 % 12 %	633	19,5 %	–	–
Dänemark	DK	640	j	–	–	641	25 %	–	–
Deutschland	DE	–	n	740	7 %	741	15 %	–	–
Frankreich	FR	–	n	660 661	2,1 % 5,5 %	662	18,6 %	663	22 %
Griechenland	EL	–	n	670 671	4 % 8 %	672	18 %	673	36 %
Groß-britannien	GB	650	j	–	–	651	17,5 %	–	–
Irland	IE	680	j	681 682 683 685	2,7 % 10 % 12,5 % 16 %	684	21 %	–	–
Italien	IT	–	n	690 691 692	4 % 9 % 12 %	693	19 %	694	38 %
Luxemburg	LU	–	n	700 701 703	3 % 6 % 12 %	702	15 %	–	–
Niederlande	NL	–	n	710	6 %	711	18,5 %	–	–
Portugal	PT	–	n	720	5 %	721	16 %	722	30 %
Spanien	ES	–	n	730	6 %	731	15 %	732	28 %

EG-Steuersatztabelle für die Einrichtung von Aktivfunktionen und Passivfunktionen

(zeitunabhängige Steuersatzschlüssel) – (Stand: September 1992)

EG-Land	Länder-Kürzel	Steuer-schlüssel	Null-satz	Steuer-schlüssel	ermäßigter Satz	Steuer-schlüssel	Normal-Satz	Steuer-schlüssel	erhöhter Satz
Belgien	BE	820	j	010 060 120	1 % 6 % 12 %	195	19,5 %	–	–
Dänemark	DK	821	j	–	–	250	25 %	–	–
Deutschland	DE	–	n	070	7 %	150	15 %	–	–
Frankreich	FR	–	n	021 055	2,1 % 5,5 %	186	18,6 %	220	22 %
Griechenland	EL	–	n	040 080	4 % 8 %	180	18 %	360	36 %
Groß-britannien	GB	822	j	–	–	175	17,5 %	–	–
Irland	IE	823	j	027 100 125 832	2,7 % 10 % 12,5 % 16 %	210	21 %	–	–
Italien	IT	–	n	824 090 825	4 % 9 % 12 %	190	19 %	380	38 %
Luxemburg	LU	–	n	030 826 828	3 % 6 % 12 %	830	15 %	–	–
Niederlande	NL	–	n	827	6 %	185	18,5 %	–	–
Portugal	PT	–	n	050	5 %	160	16 %	300	30 %
Spanien	ES	–	n	829	6 %	831	15 %	280	28 %

6 Kontenrahmen

SKR 03-Änderungen

EG-Konten

Konto-Nr.	Kontenbeschriftung	Funktion neu	Funktion alt
1542	Steuererstattungsanspruch gegenüber anderen EG-Ländern		
1547	Forderungen aus entrichteten Verbrauchsteuern (EG)		
S 1562	Aufzuteilende Vorsteuer aus innergemeinschaftlichem Erwerb	52000	R 12000
S 1572	Anrechenbare Vorsteuer aus innergemeinschaftlichem Erwerb 7 %	54000/ 54070	R 12000
S 1573	Anrechenbare Vorsteuer aus innergemeinschaftlichem Erwerb 15 %	54150	R 12000
S 1574	Anrechenbare Vorsteuer aus innergemeinschaftlichem Erwerb von Neufahrzeugen von Lieferanten ohne Umsatzsteuer-Identifikationsnummer	53000	R 12000
R 1589	(Bezahlte Einfuhrumsatzsteuer EG) löschen	12000	F 25000
1747	Verbindlichkeiten für Verbrauchsteuern (EG)		
S 1762	USt nicht fällig aus im Inland steuerpflichtigen EG-Lieferungen 7 %	61000 61070	R 12000
S 1763	USt nicht fällig aus im Inland steuerpflichtigen EG-Lieferungen 15 %	61150	R 12000
S 1767	USt aus im anderen EG-Land steuerpflichtigen EG-Lieferungen	62000	R 12000

S 1768	USt aus im anderen EG-Land steuerpflichtigen sonstigen Leistungen/Werklieferung	64000	R 12000
1769	Steuerzahlungen an andere EG-Länder		
S 1772	Umsatzsteuer aus innergemeinschaftlichem Erwerb 7 %	74000/ 74070	R 12000
S 1773	Umsatzsteuer aus innergemeinschaftlichem Erwerb 15 %	74150	R 12000
S 1774	Umsatzsteuer aus innergemeinschaftlichem Erwerb von Neufahrzeugen ohne Umsatzsteuer-Identifikationsnummer	73000	R 12000
S 1777	Umsatzsteuer aus im Inland steuerpflichtigen EG-Lieferungen 7 %	60000/ 60070	R 12000
S 1778	Umsatzsteuer aus im Inland steuerpflichtigen EG-Lieferungen 15 %	60150	R 12000
S 1779	Umsatzsteuer aus innergemeinschaftlichem Erwerb ohne Vorsteuerabzug	78000	
AM 2402	Forderungsverluste aus steuerfreien innergemeinschaftlichen Lieferungen	74000	R 12000
AM 2403	Forderungsverluste aus im Inland steuerpflichtigen EG-Lieferungen 7 %	60002	R 12000
AM 2404	Forderungsverluste aus im Inland steuerpflichtigen EG-Lieferungen 15 %	60001	R 12000
AV 3420-24	Innergemeinschaftlicher Erwerb 7 % Vorsteuer und Umsatzsteuer	54002	R 12000
AV 3425-29	Innergemeinschaftlicher Erwerb 15 % Vorsteuer und Umsatzsteuer	54001	R 12000
AV 3430	Innergemeinschaftlicher Erwerb ohne Vorsteuerabzug (7 % Umsatzsteuer)	58002	R 12000
AV 3435	Innergemeinschaftlicher Erwerb ohne Vorsteuerabzug (15 % Umsatzsteuer)	58001	R 12000

AV 3440	Innergemeinschaftlicher Erwerb von Neufahrzeugen von Lieferanten ohne Umsatzsteuer-Identifikationsnummer (15 % Umsatzsteuer)	53001	R 12000
AV 3550	Steuerfreier innergemeinschaftlicher Erwerb	52000	R 12000
AV 3724	Nachlässe aus innergemeinschaftlichem Erwerb 7 %	54002	R 12000
AV 3725	Nachlässe aus innergemeinschaftlichem Erwerb 15 %	54001	R 12000
4350	Verbrauchsteuer (EG)		
AM 8125	Steuerfreie innergemeinschaftliche Lieferungen (§ 4 Nr. 1b UStG)	74000	AM 74000
AM 8128	Steuerfreie innergemeinschaftliche Lieferung (Aktive Lohnveredelung)	67000	
R 8130			
AM 8135	Steuerfreie innergemeinschaftliche Lieferungen von Neufahrzeugen an Abnehmer ohne Umsatzsteuer-Identifikationsnummer	76000	
AM 8310-14	Erlöse aus im Inland steuerpflichtigen EG-Lieferungen 7 % Umsatzsteuer	60002	R 12000
AM 8315-19	Erlöse aus im Inland steuerpflichtigen EG-Lieferungen 15 % Umsatzsteuer	60001	R 12000
AM 8320-29	Erlöse aus im anderen EG-Land steuerpflichtigen Lieferungen	(62xxx)	R 12000
AM 8339	Erlöse aus im anderen EG-Land steuerpflichtigen sonstigen Leistungen (Nullregelung)	64000	R 12000
AM 8724	Erlösschmälerungen aus steuerfreien innergemeinschaftlichen Lieferungen	74000	R 12000
AM 8725	Erlösschmälerungen aus im Inland steuerpflichtigen EG-Lieferungen 7 %	60002	R 12000

AM 8726	Erlösschmälerungen aus im Inland steuerpflichtigen Lieferungen 15 %	60001	R 12000
AM 8727	Erlösschmälerungen aus im anderen EG-Land steuerpflichtigen Lieferungen	(62xxx)	R 12000
F 9890	Statistisches Konto für passive Lohnveredelung	19000	
9899	Gegenkonto zu 9890		

SKR 04-Änderungen

EG-Konten

Konto-Nr.	**Kontenbeschriftung**	**Funktion neu**	**Funktion alt**
S 1402	Anrechenbare Vorsteuer aus innergemeinschaftlichem Erwerb 7 %	54000/ 54070	R 12000
S 1403	Anrechenbare Vorsteuer aus innergemeinschaftlichem Erwerb 15 %	54150	R 12000
S 1404	Anrechenbare Vorsteuer aus innergemeinschaftlichem Erwerb von Neufahrzeugen von Lieferanten ohne Umsatzsteuer-Identifikationsnummer	53000	R 12000
S 1412	Aufzuteilende Vorsteuer aus innergemeinschaftlichem Erwerb	52000	R 12000
1427	Forderungen aus entrichteten Verbrauchsteuern (EG)		
R 1436	(Bezahlte Einfuhrumsatzsteuer EG) löschen	12000	F 25000
1440	Steuererstattungsanspruch gegenüber anderen EG-Ländern		
3761	Verbindlichkeiten für Verbrauchsteuern (EG)		
S 3802	Umsatzsteuer aus innergemeinschaftlichem Erwerb 7 %	74000/ 74070	R 12000

S 3803	Umsatzsteuer aus innergemeinschaftlichem Erwerb 15 %	74150	R 12000
S 3804	Umsatzsteuer aus innergemeinschaftlichem Erwerb von Neufahrzeugen von Lieferanten ohne Umsatzsteuer-Identifikationsnummer	73000	R 12000
S 3807	Umsatzsteuer aus im Inland steuerpflichtigen EG-Lieferungen 7 %	60000/ 60070	R 12000
S 3808	Umsatzsteuer aus im Inland steuerpflichtigen EG-Lieferungen 15 %	60150	R 12000
S 3809	Umsatzsteuer aus innergemeinschaftlichem Erwerb ohne Vorsteuerabzug	78000	
S 3812	Umsatzsteuer nicht fällig aus im Inland steuerpflichtigen EG-Lieferungen 7 %	61000/ 61070	R 12000
S 3813	Umsatzsteuer nicht fällig aus im Inland steuerpflichtigen EG-Lieferungen 15 %	61150	R 12000
S 3817	Umsatzsteuer aus im anderen EG-Land steuerpflichtigen Lieferungen	62000	R 12000
S 3818	Umsatzsteuer aus im anderen EG-Land steuerpflichtigen sonstigen Leistungen/ Werklieferungen	64000	R 12000
3819	Steuerzahlungen an andere EG-Länder		
AM 4125	Steuerfreie innergemeinschaftliche Lieferung (§ 4 Nr. 1b)	74000	AM 74000
AM 4135	Steuerfreie innergemeinschaftliche Lieferung von Neufahrzeugen an Abnehmer ohne Umsatzsteuer-Identifikationsnummer	76000	
AM 4138	Steuerfreie innergemeinschaftliche Lieferung (Aktive Lohnveredelung)	67000	
AM 4310-14	Erlöse aus im Inland steuerpflichtigen EG-Lieferungen 7 %	60002	R 12000

AM 4315-19	Erlöse aus im Inland steuerpflichtigen EG-Lieferungen 15 %	60001	R 12000
AM 4320-29	Erlöse aus im anderen EG-Land steuerpflichtigen Lieferungen	(62xxx)	R 12000
AM 4339	Erlöse aus im anderen EG-Land steuerpflichtigen sonstigen Leistungen (Nullregelung)	64000	R 12000
AM 4724	Erlösschmälerungen aus steuerfreien innergemeinschaftlichen Lieferungen	74000	R 12000
AM 4725	Erlösschmälerungen aus im Inland steuerpflichtigen EG-Lieferungen 7 %	60002	R 12000
AM 4726	Erlösschmälerungen aus im Inland steuerpflichtigen EG-Lieferungen 15 %	60001	R 12000
AM 4727	Erlösschmälerungen aus im anderen EG-Land steuerpflichtigen Lieferungen	(62xxx)	R 12000
AV 5420-24	Innergemeinschaftlicher Erwerb 7 % Vorsteuer und Umsatzsteuer	54002	R 12000
AV 5425-29	Innergemeinschaftlicher Erwerb 15 % Vorsteuer und Umsatzsteuer	54001	R 12000
AV 5430	Innergemeinschaftlicher Erwerb ohne Vorsteuerabzug (7 % USt)	58002	R 12000
AV 5435	Innergemeinschaftlicher Erwerb ohne Vorsteuerabzug (15 % USt)	58001	R 12000
AV 5440	Innergemeinschaftlicher Erwerb von Neufahrzeugen von Lieferanten ohne Umsatzsteuer-Identifikationsnummer (15 %)	53001	R 12000
AV 5550	Steuerfreier innergemeinschaftlicher Erwerb	52000	R 12000
AV 5724	Nachlässe aus innergemeinschaftlichem Erwerb 7 %	54002	R 12000
AV 5725	Nachlässe aus innergemeinschaftlichem Erwerb 15 %	54001	R 12000

AM 6932	Forderungsverluste aus steuerfreien innergemeinschaftlichen Lieferungen	74000	R 12000
AM 6933	Forderungsverluste aus im Inland steuerpflichtigen innergemeinschaftlichen Lieferungen 7 %	60002	R 12000
AM 6934	Forderungsverluste aus im Inland steuerpflichtigen innergemeinschaftlichen Lieferungen 15 %	60001	R 12000
7675	Verbrauchsteuer (EG)		
F 9890	Statistisches Konto für passive Lohnveredelung	19000	
9899	Gegenkonto zu 9890		

SKR 03-Änderungen

Weitere Konten

Konto-Nr.	**Kontenbeschriftung**	**Funktion neu**	**Funktion alt**
0973	Rückstellungen für Abraum- und Abfallbeseitigung		
AV 1515	Geleistete Anzahlungen 14 %	30140	AV 30001
AV 1516	Geleistete Anzahlungen 15 %	30001	R 12000
S 1566	Aufzuteilende Vorsteuer 15 %	34150	R 12000
S 1576	Anrechenbare Vorsteuer 15 %	30150	R 12000
F 1577	Vorsteuer nach allgemeinen Durchschnittssätzen UStVA KZ 63	41000	R 12000
F 1578	Berichtigung des Vorsteuerabzugs früherer Jahre KZ 64	42000	R 12000
1587	(Kürzung Warenbezüge) löschen		

AM 1715	Erhaltene Anzahlungen 14 %	80140	AM 80001
AM 1716	Erhaltene Anzahlungen 15 %	80001	R 12000
F 1759	USt-Abzugsverfahren 15 % Umsatzsteuer	88150	F 86000
S 1766	Umsatzsteuer nicht fällig	81150	R 12000
S 1776	Umsatzsteuer 15 %	80150	R 12000
2176	Nicht anrechenbare Vorsteuer 15 %		
2282	Steuererstattung Vorjahre für Steuern vom Einkommen und Ertrag		
2284	Erträge aus der Auflösung von Steuerrückstellung		
2287	Steuererstattung Vorjahre für sonstige Steuern		
2289	Erträge aus der Auflösung von Steuerrückstellung		
AM 2405	Forderungsverluste 15 % USt	80001	AM 80001
AM 2406	Forderungsverluste 14 % USt	80140	R 12000
F 2922	Bemessungsgrundlage BerlinFG 0,5 % § 1 Abs. 1–4 BerlinFG	24933	R 12000
F 2925	Bemessungsgrundlage BerlinFG 2,5 % § 1 Abs. 6 BerlinFG	24936	R 12000
F 2928	Bemessungsgrundlage BerlinFG 1,5 % § 1 Abs. 5 BerlinFG	24939	R 12000
F 2931	Bemessungsgrundlage BerlinFG 0,75 % § 1a BerlinFG	24942	R 12000
R 2950-53	(Bemessung DDR) löschen	12000	F 23xxx

R 2960-63	(Bemessung DDR) löschen	12000	F 23xxx
2990	Gegenkonto zu 2900-2931		
AV 3150	Leistungen von ausländischen Unternehmen, Nullregelung	59000	
AV 3400-09	Wareneingang 15 % Vorsteuer	30001	AV 30001
AV 3410-19	Wareneingang 14 % Vorsteuer	30140	R 12000
AV 3520-29	Wareneingang 8 % Vorsteuer	30080	AV 30110
AV 3540-49	Wareneingang 8,5 % Vorsteuer	30003	AV 30003
3660-69	Nicht anrechenbare Vorsteuer 15 %		
AV 3720+21	Nachlässe 15 % Vorsteuer	30001	AV 30001
AV 3722-23	Nachlässe 14 % Vorsteuer	30140	R 12000
SAV 3736	Erhaltene Skonti 15 % Vorsteuer	20150	R 12000
AV 3760+61	Erhaltene Boni 15 % Vorsteuer	30001	AV 30001
AV 3762+63	Erhaltene Boni 14 % Vorsteuer	30140	R 12000
AV 3790+91	Erhaltene Rabatte 15 % Vorsteuer	30001	AV 30001
AV 3792+93	Erhaltene Rabatte 14 % Vorsteuer	30140	R 12000
4127	Geschäftsführergehalt		
4306	Nicht anrechenbare Vorsteuer 15 %		
AV 4666	Reisekosten Arbeitnehmer 12,3 % Vorsteuer	30902	AV 30902

AV 4667	Reisekosten Arbeitnehmer 9,8 % Vorsteuer	30901	AV 30901
AV 4676	Reisekosten Unternehmer 12,3 % Vorsteuer	30902	AV 30902
AV 4677	Reisekosten Unternehmer 9,8 % Vorsteuer	30901	AV 30901
AV 4678	Reisekosten Unternehmer 5,7 % Vorsteuer	30906	AV 30905
AV 4685	Km-Geld-Erstattung 8,2 % Vorsteuer	30900	AV 30900
4969	Aufwendungen für Abraum- und Abfallbeseitigung		
AM 8120	Steuerfreie Umsätze § 4 Nr. 1a, 2–7 UStG	82000	AM 82000
R 8190	Erlöse aus Geldspielautomaten 14 % (Multiplikator 1,5) löschen	12000	AM 80980
AM 8192	Erlöse aus Geldspielautomaten 15 % (Multiplikator 2,5)	80982	80981
AM 8193	Erlöse aus Geldspielautomaten 14 % (Multiplikator 2)	80981	
AM 8196	Bemessungsgrundlage Geldspielautomaten 15 %	80001	AM 80001
AM 8198	Bemessungsgrundlage Geldspielautomaten 14 %	80140	
AM 8400-09	Erlöse 15 % USt	80001	AM 80001
AM 8410-19	Erlöse 14 % USt	80140	R 12000
AM 8595	Sachbezüge 15 % USt	80001	AM 80001
AM 8720+21	Erlösschmälerungen 15 % USt	80140	AM 80001

AM 8722+23	Erlösschmälerungen 14 % USt	80001	R 12000
SAM 8736	Gewährte Skonti 15 % USt	21150	R 12000
AM 8760+61	Gewährte Boni 15 % USt	80001	AM 80001
AM 8762+63	Gewährte Boni 14 % USt	80140	R 12000
AM 8790+91	Gewährte Rabatte 15 % USt	80001	AM 80001
AM 8792+93	Gewährte Rabatte 14 % USt	80140	R 12000
AM 8801-09	Erlöse aus Anlageverkäufen 15 % (bei Buchverlust)	80001	AM 80001
AM 8810-19	Erlöse aus Anlageverkäufen 14 % (bei Buchverlust)	80140	R 12000
AM 8820-29	Erlöse aus Anlageverkäufen 15 % (bei Buchgewinn)	80001	AM 80001
AM 8830-39	Erlöse aus Anlageverkäufen 14 % (bei Buchgewinn)	80140	R 12000
AM 8910-14	Entnahme von Gegenständen 15 % USt	84001	AM 84001
AM 8920-29	Entnahme von sonstigen Leistungen 15 % USt	85001	AM 85001
AM 8940	Eigenverbrauch 15 % USt	86001	AM 86001
AM 8945	Unentgeltliche Leistungen an Gesellschafter 15 %	87001	AM 87001
F 9093	Offene Posten aus 1993	95093	

SKR 04-Änderungen

Weitere Konten

Konto-Nr.	Kontenbeschriftung	Funktion neu	Funktion alt
AV 1184	Geleistete Anzahlungen 14 %	30140	AV 30001
AV 1185	Geleistete Anzahlungen 15 %	30001	R 12000
S 1406	Anrechenbare Vorsteuer 15 %	30150	R 12000
F 1407	Vorsteuer nach allgemeinen Durchschnittssätzen UStVA KZ 63	41000	R 12000
F 1408	Berichtigung des Vorsteuerabzugs früherer Jahre KZ 64	42000	R 12000
S 1416	Aufzuteilende Vorsteuer 15 %	34150	R 12000
1432	(Kürzung Warenbezüge) löschen		
3085	Rückstellungen für Abraum- und Abfallbeseitigung		
AM 3270	Erhaltene Anzahlungen 14 %	80140	AM 80001
AM 3271	Erhaltene Anzahlungen 15 %	80001	R 12000
3806	Umsatzsteuer 15 %		
S 3816	Umsatzsteuer nicht fällig 15 %	81150	R 12000
F 3831	USt-Abzugsverfahren 15 %	88150	F 86000
AM 4120	Steuerfreie Umsätze § 4 Nr. 1a, 2–7 UStG	82000	AM 82000
R 4130	(Steuerfreie DDR) löschen	12000	AM 82000
R 4180	Erlöse aus Geldspielautomaten 14 % (Multiplikator 1,5) löschen	12000	AM 80980

AM 4182	Erlöse aus Geldspielautomaten 15 % (Multiplikator 2,5)	80982	80981
AM 4183	Erlöse aus Geldspielautomaten 14 % (Multiplikator 2)	80981	
AM 4186	Bemessungsgrundlage Geldspielautomaten 15 %	80001	AM 80001
AM 4188	Bemessungsgrundlage Geldspielautomaten 14 %	80140	
AM 4400-09	Erlöse 15 % USt	80001	AM 80001
AM 4410-19	Erlöse 14 % USt	80140	R 12000
AM 4620-29	Entnahme von Gegenständen 15 % USt	84001	AM 84001
AM 4640-49	Entnahme von sonstigen Leistungen 15 % USt	85001	AM 85001
AM 4660-69	Eigenverbrauch 15 % USt	86001	AM 86001
AM 4680-89	Unentgeltliche Leistungen an Gesellschafter 15 %	87001	AM 87001
AM 4720+21	Erlösschmälerungen 15 % USt	80001	AM 80001
AM 4722+23	Erlösschmälerungen 14 % USt	80140	R 12000
SAM 4736	Gewährte Skonti 15 % USt	21150	R 12000
AM 4760+61	Gewährte Boni 15 % USt	80001	AM 80001
AM 4762+63	Gewährte Boni 14 % USt	80140	R 12000

AM 4790+91	Gewährte Rabatte 15 % USt	80001	AM 80001
AM 4792+93	Gewährte Rabatte 14 % USt	80140	R 12000
AM 4845	Erlöse aus Anlageverkauf 15 % (bei Buchgewinn)	80001	AM 80001
AM 4846	Erlöse aus Anlageverkauf 14 % (bei Buchgewinn)	80140	R 12000
AM 4945	Sachbezüge 15 % USt	80001	AM 80001
AV 5400-09	Wareneingang 15 % Vorsteuer	30001	AV 30001
AM 5410-19	Wareneingang 14 % Vorsteuer	30140	R 12000
AV 5520-29	Wareneingang 8 % Vorsteuer	30080	AV 30110
AV 5540-49	Wareneingang 8,5 % Vorsteuer	30003	AV 30003
5660-69	Nicht anrechenbare Vorsteuer 15 %		
AV 5720+21	Nachlässe 15 % Vorsteuer	30001	AV 30001
AV 5722+23	Nachlässe 14 % Vorsteuer	30140	R 12000
SAV 5736	Erhaltene Skonti 15 % Vorsteuer	20150	R 12000
AV 5760+61	Erhaltene Boni 15 % Vorsteuer	30001	AV 30001
AV 5762-63	Erhaltene Boni 14 % Vorsteuer	30140	R 12000
AV 5790+91	Erhaltene Rabatte 15 % Vorsteuer	30001	AV 30001

AV 5792+93	Erhaltene Rabatte 14 % Vorsteuer	30140	R 12000
AV 5950	Leistungen von ausländischen Unternehmen, Nullregelung	59000	
6027	Geschäftsführergehalt		
AM 6285	Forderungsverluste 15 % USt (unüblich)	80001	AM 80001
AM 6286	Forderungsverluste 14 % USt (unüblich)	80140	R 12000
AV 6660	Reisekosten Arbeitnehmer 12,3 % Vorsteuer	30902	AV 30902
AV 6665	Reisekosten Arbeitnehmer 9,8 % Vorsteuer	30901	AV 30901
AV 6680	Reisekosten Unternehmer 12,3 % Vorsteuer	30902	AV 30902
AV 6685	Reisekosten Unternehmer 9,8 % Vorsteuer	30901	AV 30901
AV 6688	Reisekosten Unternehmer 5,7 % Vorsteuer	30906	AV 30905
AV 6690	Km-Geld-Erstattung 8,2 % Vorsteuer	30900	AV 30900
6859	Aufwendungen für Abraum- und Abfallbeseitigung		
6871	Nicht anrechenbare Vorsteuer 15 %		
AM 6885	Erlöse aus Anlageverkauf 15 % (bei Buchverlust)	80001	AM 80001
AM 6886	Erlöse aus Anlageverkauf 14 % (bei Buchverlust)	80140	R 12000
AM 6935	Forderungsverluste 15 % USt	80001	AM 80001
AM 6936	Forderungsverluste 14 % USt	80140	R 12000

7642	Steuererstattung Vorjahre für Steuern vom Einkommen und Ertrag		
7644	Erträge aus der Auflösung von Steuerrückstellungen		
7692	Steuererstattung Vorjahre für sonstige Steuern		
7694	Erträge aus der Auflösung von Steuerrückstellungen		
F 7913	Bemessungsgrundlage BerlinFG 0,5 % § 1 Abs.1–4	24933	R 12000
F 7923	Bemessungsgrundlage BerlinFG 2,5 % § 1 Abs. 6	24936	R 12000
F 7933	Bemessungsgrundlage BerlinFG 1,5 % § 1 Abs. 5	24939	R 12000
F 7943	Bemessungsgrundlage BerlinFG 0,75 % § 1a BerlinFG	24942	R 12000
R 7950+55	(Bemessung DDR) löschen	12000	F 23xxx
R 7960+65	(Bemessung DDR) löschen	12000	F 23xxx
R 7970+75	(Bemessung DDR) löschen	12000	F 23xxx
R 7980+85	(Bemessung DDR) löschen	12000	F 23xxx
7990	Gegenkonto zu 7900–7945		
F 9093	Offene Posten aus 1993	95093	

EG–Kontenbeschriftungssatz

FIBU

DATEV

Vorlage für die Datenerfassung

Anw.-Nr.	DFV	Kontrollzahl	Beraternummer	Mandant	Abr.-Nr.	Jahr	Kennwort (Password)
1 3					1 8 9		

Der Vorlauf mit Abr.-Nr. 189 muß **nur einmal** pro Einreichung erfaßt werden.

Ersteingabe/Änderung

101 ☐ 1 = Ersteingabe, 2 = Änderung

Kennziffer 101 ist immer pro Personen-/Sachkontonummer (KZ 102) anzugeben.

Personen-/Sachkontennummer

102 ☐☐☐☐☐

FIBU-Anwender ohne OPOS können hier Personenkonten- und Sachkontenbeschriftungen eingeben.

Name/Beschriftung

103

Textstelle 1-20

Zeilenumbruch: ⏎ (Enter-Taste)
Silbentrennzeichen: = (Gleichheitszeichen) und ⏎ (Enter-Taste)

Textstelle 21-40

Bei der Erfassung mit Herstellersoftware (DSSW) geben Sie statt ⏎ (Enter-Taste) das Zeichen für Zeilenschaltung (*) ein.

USt-Binnenmarktgesetz

500 USt-IdNr.

EG-Länderkürzel → ID-Nummer

BE = Belgien
DE = Deutschland
DK = Dänemark
EL = Griechenland
ES = Spanien
FR = Frankreich
GB = Großbritannien
IE = Irland
IT = Italien
LU = Luxemburg
NL = Niederlande
PT = Portugal

Hinweis: Eingabe nur bei Debitoren-/Kreditorenkonten möglich.

Einzelkontenverdichtung

150 ☐ 1 = monatlich, 2 = tageweise, 9 = Aufhebung

Hinweis: Eingabe nur bei Sachkonten zulässig.

Art.-Nr. 10034 TT 1993

23

Stichwortverzeichnis